안녕, 여기 계셨군요

작가소개
강 지 해

읽고 쓰고 그리며 이야기를 짓는 사람

———
삶의 모든 결을 받아들일 때 진정한 평온이 찾아온다.
내 글이 그 길 위에서 잔잔한 울림이 되었으면 한다.

블로그 blog.naver.com/zzae_love
인스타그램 @zzae_love

별이 되어버린 엄마를 그리며

안녕, 여기 계셨군요

강
지
해

책의 첫 마음
Prologue

엄마와 이별한 지도 벌써 49일. 세상에 존재하던 크나큰 사람이 존재하지 않게 되었는데도 세상은 아무렇지 않은 듯 흘러간다. 내가 머물러있는 시간 속엔 모든 것이 멈추어 있는데···. 나도 언젠가 아무렇지 않게 엄마를 떠올릴 날이 올까. 조금씩 무뎌지는 무언가에 씁쓸하고 쓸쓸하고 미안한 마음이 차오른다.
/ 2021년 엄마의 49재에

엄마의 기일이다. 4년이라는 시간이 흘렀다. 바쁘고 정신없는 하루하루를 보내다 보니, 멈춰있던 나의 시간은 언제 그랬냐는 듯 제자리를 찾아가고 있다. 눈물샘이 마르지 않던 나는, 하늘을 보며 조금은 여유로운 마음으로 엄마를 떠올릴 수 있게 되었다.
/2025년 엄마의 기일에

한부모라서 내가 받는 사랑도 반쪽이라 생각했다. 엄마가 돌아가신 후, 그 사랑이 온전한 하나였음을 깨닫는다.

엄마를 보낸 나를 위해 그리고 엄마를 위해 틈틈이 글을 썼다. 지난 4년의 문장들을 하나의 이야기로 묶어본다.
나의 글이 사랑하는 이를 떠나보낸 이들에게, 이별을 앞둔 이들에게, 지금 이곳에 살고 있는 당신에게 위로와 희망의 씨앗이 된다면 좋겠다. 마음껏 아프고, 마음껏 후회하고, 마음껏 기억하고, 마음껏 사랑하며 살기를.

/ 2025년 11월 8일 나의 생일을 맞이하며

Prologue　　　　　　　　　　　　　　　4

chapter ❶
안녕, 가지 말아요

―

이별

뒷모습만 남기고	11
선택의 순간들	17
검은 물결	23
한 줌의 재로	29
배가 고프더라	35
아무렇지 않은 척했지만	39
지우지를 못하고	45
그냥 지나가도 돼요	51

chapter ❷
안녕, 잘 지내나요

―

그리움

작은 상자 하나	59
불러도 대답 없는	65
수시로 찾아오는 손님	71
계속되는 이별	77
엄마는 강하다?	81
친구도 아프다	87
나무들은 기억할까	93
냉이 된장국	97

chapter ❸

안녕, 난 잘 지내요

— 추억

낭만이 있었다	105
오래된 선물	111
엄마의 일기장	117
나는 오뚝이	123
전화벨이 울리다	129
비도 맞아본 놈이 맞는다	135
카네이션 한 송이	139
정성 들이는 만큼	145
마음 부자	151

chapter ❹

안녕, 여기 계셨군요

— 함께

깨진 조각	159
알고 보니 옆자리	165
4시 44분	171
맞춤형 위로	177
5월이 찾아왔다	183
독거노인	189
지나고 보니 사랑이었다	195
삶은 하나의 이야기	201

Epilogue　208

chapter ❶

안녕, 가지 말아요

이별

1 안녕, 가지 말아요 · 이별

뒷모습만 남기고

따르르르르릉
따르르르르릉
지금 고객님께서 전화를 받지 않아 '삐' 소리 이후 음성사서함으로 연결됩니다.
삐~
따르르르르릉….
지금 고객님께서 전화를 받지 않아….

다시는 엄마의 목소리를 들을 수 없게 되었다.

다들 딸 고생 시키지 않은 거라며 호상이라고 했다. 호상이라니, 이렇게 갑자기 찾아온 죽음에 '복'이라는 말이 붙는 게 맞단 말인가.

TV에서 길을 가던 남자가 갑자기 가슴을 움켜쥐고 쓰러졌다. 그것을 본 다른 사람이 쓰러진 남자를 위해 응급 처치를 해주었고, 구급차를 불러 병원으로 이송되었다. 남자는 언제 그랬냐는 듯 눈을 뜨고 다시 일상으로 돌아왔다.

순간이다. 삶과 죽음은 마치 놀이를 하듯, 얇은 막 하나를 사이에 두고 발을 넣었다 뺐다를 반복한다. TV를 보며 엄마 생각이 났다. 그날 내가 엄마 곁에 있었다면, 엄마는 지금 살아계실까. 옆에서 '지해야~'라며 나를 불러주실까. 되감기를 해도 답을 찾을 수 없는 생각 속에서 한참을 머무르느라 나 홀로 다음 장면으로 넘어가지를 못했다.

전화를 받지 않았다. 가끔 있는 일이었다. 나의 잔소리에, 배터리가 없거나 주무시느라 못 받았다며 말씀하시곤 했다. 엄마 친구분이 종일 엄마와 연락이 되지 않는다며 해가 질 녘쯤 나에게 연락을 주셨다. 전날 오후에도 분명 엄마와 텃밭을 다녀왔다. '설마'하는 마음과 함께, 엄마 집으로 향하는 동안 평소와는 다른 긴장감이 몰려왔다. 가까운 거리가 꽤 멀게 느껴졌다. 그날도 엄마가 아닌 배터리가 수명이 다한 것이어야 했다. 그래야 마땅했다.

그러나 죽음이라는 녀석이 얇디얇은 막을 건너 엄마에게 왔다. 잠자듯 편하게 죽고 싶다던 엄마는, 전기 주전자가 나동그라져 있는 것과는 다르게 너무나도 평온해 보였다. 단단한 나무 같은 모습을 하고서는 누워계셨다. 가지런히 팔과 다리를 편 채, 그렇게 잠자듯 세상을 떠나셨다.

잘 가시라는 인사 한마디 남기지 못했다. 아직 꺼내지 못한 말들이 많은데, 엄마는 대답이 없었다. 언젠가 죽음이 담을 넘어오면 덤덤하게 받아들일 수 있을 거라고 생각했다. 마음과는 다르게 난 아무런 준비도 하지 못했다.

엄마와 헤어지던 날의 마지막 모습이 꿈에 자주 나타났다. 우리 집에 오실 때면, 배웅을 핑계로 공원까지 둘이 같이 걸었다. 그날은 둘째 아이와 반려견까지 따라나선 덕분에 걸음 속도가 맞지 않았다. 엄마는 저만치 앞서 걸으셨다. 도란도란 나누던 대화가 이어질 듯 끊어지기를 반복하다가, 그만 들어가라는 엄마의 말씀에 그러기로 했다. 홀로 걸어가시던 뒷모습이 내가 본 엄마의 마지막 모습이 되었다.

뒷모습이 마지막이라니 아쉬워, 꿈에서 만날 때면 공원까지 팔짱 끼고 걷거나 엄마를 안아주며 새로운 엔딩을 만들었다. 눈을 뜨면 다시 엄마의 뒷모습이 아른거렸다.

어릴 적에도 마주하는 일보다 당신의 등을 자주 보이셨다. 안기고 싶어도 앞을 내어주지 않았던 엄마는, 무심하게 마지막 인사도 앞이 아닌 뒤를 남겨두고 가셨다.

이제 와 돌이켜보니 엄마답다.

지금의 나는
누군가와 헤어지며
뒷모습을 오래 보지 않는다.
그것이 그와의 마지막일 것 같아서.

1 안녕, 가지 말아요 · 이별

선택의 순간들

어떠한 배려도 없이 똑딱똑딱 타이머가 울려대던 날.
 그날 마주한 선택의 순간들은 생애 처음 겪어보는 것들이었다. 내가 쌓아온 사례집 안에서는 찾아볼 수 없는 어려운 시험 문제였다.

 '어느 장례식장으로 모실 것인가'
 심장이 평소와는 다른 속도로 움직이고, 뇌는 멈춤 상태에 가까웠다. 하지만 정신을 바짝 차리지 않으면 안 되었다. 장례식장에 도착하는 순간, 수용인원은 어느 정도 되는 공간으로 할 것인지 부터 선택해야 했다. '글쎄, 얼마나 오시려나. 코로나로 혼란스러운 이 시기에…' 영정 사진으로 무엇을 사용할 것인지, 조문객을 위한 식사메뉴는, 상복은, 관은 어떤 것으로, 수의는, 꽃장식은, 유골함은, 부고 문자는, 심지어 장례식장에서 이용할 슬리퍼 개수까지 결정해야 했다. 이 모든 건 돈과도 연결되었다. 가시는 길이라도 풍족하게 가시라며 제일 좋은 옵션을 선택할 것인가, 그게 다 무슨 소용일까, 형편에 맞게 남들이 가장 많이 선택하는 것으로 묻어갈까. 오류가 난 기계처럼 꼼짝하지 않던 머릿속이 '내가 이러면 안 되는구나.'를 깨닫고 재가동을 시작했다.

 검은 상복을 입고 주민 센터를 다녀온 기억이 있다. 서류가 필요해서였는데, 어떤 서류였는지는 정확히 기억나지 않는다. 장례식장 안에서 필요한 것들을 결정하고, 서류를 확인하며 서명을 하느라 미처 슬퍼할 겨를도 없었다. 짧은 시간의 운전이었지만, 속으로 몇 번이고 되뇌었다. '정신 바짝 차리자.'
 센터에 도착해 마주하는 모든 사람이 평소보다 친절했다는 걸 차에 다시 올라타며 깨달았다. '현실을 직시하기 싫음'을 '정신을 바짝 차리자'는 주문으로 대신했었나 보다. 운전하면 위험할 것 같아 캄캄한 주차장에서 잠시 머물렀다. '돌아가기 싫다. 싫다.' 그냥 그곳 작은 차 안에서 오래 머물고 싶었다. 나에게 주어진 것들을 피하고 싶었지만 그럴 수는 없었다.

 어떤 방법으로 장사를 지낼 것인지도 선택해야 한다. 관 그대로 땅에 묻을 것인지, 화장을 할 것인지, 화장을 한다면 유골함은 어떤 것으로 할 것인지 그리고 어디에 모실 것인지도 결정해야 한다. 미리 준비되어있는 곳은 없었다. 엄마가 '저곳이라면 좋겠다'고 말씀하셨던 가까운 자연장지로 결정했다.
 '가까운 곳이면 좋지. 네가 자주 찾아와서 울고, 마음 털어놓고 갈 수 있는 곳이면 더없이 좋겠다.'
 가족 납골당이 따로 있는 것도 아니었고, 엄마가 평소에 말씀하시지 않았더라면 어디에 모실 것인지를 두고 꽤 많은 고민을 했을 것이다. 생전에 엄마가 일상에서 자연스레 하시던 말씀들이 어려운 선택 앞에서 스치듯 지나갔다. 내가 원하는 것이 아닌 엄마가 원하는 방식으로 보내드리고 싶었다.

 엄마는 생전에 당신의 죽음에 대한 이야기를 많이 하셨다. 언젠가 당신이 떠나게 된다면 화장을 해달라고, 쓸만한 곳이 있다면 기증도 하고 싶다고, 왠만한 건 다 정리했으니 다 버려도 된다고. 밥을 먹다가도 산책하다가도, 남들은 그리도 꺼려하던

'죽음'이라는 단어를 자주 대화 안에 자리시켰다. 그 말씀들이 아니었다면 내겐 잠시의 슬픔도 마주할 시간이 없었을 것이다.

남겨진 사람들은 남겨진 대로 고통스럽다. 그 고통 앞에서 매 순간 날아오는 선택지는, 어려운 시험문제를 풀 듯 쉽게 결정 내릴 수 없는 것들이다.

그러니 나의 죽음에 대한 모든 선택은 생전에 해두는 게 좋겠다. 내가 원하는 것이 무엇인지, 이 어려운 선택을 가족에게 숙제로 남기지 않기 위해 천천히 생각해 보려 한다.

아기가 세상에 오기 전
마음을 다해 맞이할 준비를 하듯,
세상을 떠나기 전에도
나의 마지막을 정성껏
보낼 준비가 필요하다.

1 안녕, 가지 말아요 · 이필

검은 물결

　주말 아침, 남편의 전화기에 부고를 알리는 문자메시지가 왔다. 지인의 어머님이 투병 중 돌아가셨다고 했다. 얼마 전에도 부고 소식을 들은 것 같은데 또 같은 소식을 접하니 마음이 무거워졌다. 문자 사이사이에 숨은 가족의 슬픔이 전해졌다. 시간이 흘러 기억 속에서 흐려질 만도 하건만, 여전히 그날의 기억이 생생하게 살아났다.

　"여기에 있는 컴퓨터 앞으로 오셔서 '부고 알림 문자'에 들어갈 정보 적어주세요."

남편이 나서서 해주었다. 그가 컴퓨터 앞으로 다가간 지 1분도 되지 않아, 나의 전화기에 문자메시지가 왔다.

"보내기 전에 한 번 확인해 보자."

내 안의 복잡한 감정을 말끔히 걷어낸 채 엄마의 죽음을 알리는 짧은 글귀가 담겨있었다. 고인 옆에 또렷하게 자리한 엄마 이름 세 글자를 눈으로조차 읽어낼 수 없었다. 몇 번이고 되돌아가 첫 글자를 마주하고 그다음 글자들을 순서대로 읽어내려 해도, 뿌옇게 흐려진 안개 속에서 허우적댈 뿐이었다.

받기만 했던 이 문자메시지를 누구에게 보낼 것인가. 코로나19로 결혼식이며 모든 행사가 간소화되던 시기인지라, 문자메시지를 받고 망설임 없이 자리해 줄 사람들에게만 전했다. 오랜만의 연락이 부고 소식이라도 미안하지 않을 이들에게.

남편이 시간을 내어 아이들을 데려왔다. 검은 옷을 입고 있었다. 눈치가 빠른 큰 아이는 전화기 너머로 들려오던 엄마의 슬픔과 고통을 알아챘다. 당장이라도 엄마 옆으로, 할머니 옆으로 가고 싶다고 했었다. 최대한 덤덤하게, 씩씩하게 아이들을 맞이하려 노력했다. 아이들을 보고 나니 내가 무너지지 말아야 할 이유가 선명해졌다. 밤의 적막함과 함께 오르내리던 마음도 조금은 평행에 가까워졌다.

언제부터였는지 장례식장은 검은 옷을 입은 이들로 북적였다. 친구를 잃은 아픔을 잠시 뒤로 미룬 채 엄마 잃은 아이를 위로하던 어르신들, 자주 뵙지 않아 알아보지도 못해 죄송했던 친척들, 아무 말 없이 등을 토닥여 주던 친구들…. 미처 연락을 취하지 못했던 이들까지 소식을 듣고 찾아와주었다.

오랜만에 보는 동창들은 서로의 안부를 물었고, 사는 게 바빠 전화 한 통 할 여유가 없던 이들은 서로의 눈을 보며 이야기를 나눌 수 있었다. 아이러니하게도 죽은 사람이 산 사람을 이어주었다. 영혼이 있다면, 정말 그곳에 머물렀다 가는 거라면 엄마는 매우 뿌듯해하셨을 것이다.

슬픔으로 가득했던 장례식장에 검은 물결이 일렁였다. 그들만의 모양을 만들어내며 울고, 웃고, 먹고, 위로를 했다. 그들의 웃음이 전염되어 나에게로 왔다. 그들이 만들어 놓은 물결 위에 드러누워, 내 것이 아닌 양 뒤엉켜있던 감정들을 하나, 둘 풀어나갔다. 눈을 떠도 보이지 않던 것들이 보이기 시작했다.

혼자가 아니었다. 검은색은 언제나 어둠을 뜻하는 색이었다. 아무것도 할 수 없는 캄캄하고 어두운 세상, 두려움과 때로는 공포로 가득한 색, 갇힌 세상이었다. 하지만 검은색은 모든 색을 흡수하는 색 아니었던가.

그날의 검은색은, 나에게 위로의 색이었다.

죽음을 끝이라 부를 수 있을까.
끝이라 여겼던 곳에서,
삶은 여전히 이어지고 있었다.

1 안녕, 가지 말아요 · 이펼

한 줌의 재로

　엄마를 다시 볼 수 있었다. 몸이 배긴다며 생전에 그리도 싫어하던 딱딱한 공간 속에, 생각보다 편하고 정갈한 모습으로 누워계셨다. '엄마가 이리 작았던가.' 지금 말하지 않으면 영영 엄마에게 가닿지 않을 것만 같아, 그동안 하고 싶었던 이야기를 모아 전해드렸다. 살아계실 때 해드렸으면 좋았을 말들, 말하지 않아도 다 안다며 꼭꼭 숨겨 놓았던 말들.

　든든하게 자리를 지켜주느라 소리 내어 울지 못했던 남편도, 큰 어깨가 들썩일 만큼 커다란 슬픔을 꺼내었다. 누워계신 할머니의 모습이 어색한 아이들은, 자신이 겪고 있는 것이 무엇인지 아직 잘 깨닫지 못했다. 나의 손을 잡아주었고, 안아주었다. 아이들은 입관식에 참여하는 게 아니라는 지인들의 말을 듣고 고민했다. 그래도 마지막으로 얼굴을 볼 수 있는 시간인데…. 아이가 할머니를 꼭 봐야겠다며 함께하겠다고 했다. 그리하길 잘했다. 그러지 않았다면 후회했을 것이다. 마지막 인사를 나누지 못한 채 제대로 보내드리지 못했을 것이다.

관이 실리고 화장터로 향했다. 어두운 장례식장과는 다르게 날이 맑았다. '좋은 계절에 엄마는 좋은 곳으로 가셨다. 그거면 됐다.'고 스스로 위안했다.

화장터에서 우리는 마치 은행처럼 번호표를 받아 순서를 기다려야 했다. 대기소에서 창밖을 바라보는데 구름 한 점 없는 하늘이었다. 엄마가 저 먼 곳 어딘가에 계시리라 생각하니, 차오르고 차올라 준비태세를 취하고 있던 눈물이라는 녀석이 전력 질주를 했다. 또다시 우리 가족은 서로를 안고 엄마를 마음으로 보내드렸다.

띵동! 우리의 번호다. 엄마의 번호다.

다시는 마주하고 싶지 않은 곳, 화장터다. 어떻게 정리해야 될지 모르는 내 마음과는 다르게, 그곳은 모든 것이 순서에 따라 진행되었고 감정을 거둬낸 채 흘러갔다. 그들은 주문이 들어온 듯 각자의 자리에서 발 빠르게 움직였다. 엄마는 어느새 하얀 재가 되었다. 쓸어 담는 모습을 보면 더더욱 죽음이라는 것이 얼마나 허망한지를 깨닫게 된다. 이 과정을 보지 말아야 했다.

「늑대와 함께한 여인들」(클라리사 에스테스, 손영미 옮김, 이루)에 뼈를 모으는 여인 라 로바가 등장한다. 세상에서 곧 사라질 위기에 처한 것들을 위주로 수집하고 보관한다. 그녀는 늑대의 뼈를 한데 모아 하얀 늑대의 골격을 재구성하고, 모닥불을 지핀다. 늑대의 유해 옆에 서서 두 팔을 올리고 노래를 시작한다. 늑대는 라 로바의 노랫소리에 강한 생명을 얻어 살아나기 시작한다. 숨을 쉬고, 눈을 뜨고, 달려간다. 늑대는 여인으로 변한다. 그녀가 생명을 불어넣는 것이 늑대인지, 자기 자신인지는 내게 중요하지 않다. 내게도 라 로바와 같은 능력이 있다면, 밤새 노래를 부르고 모닥불 사이에서 엄마를 만났을 것이다.

곧 유골함으로 옮겨진 엄마를 안을 수 있었다. 그것을 꼭 안으면 엄마를 느낄 수 있을 거라 생각했지만, 온기도 없는 단단한 상자일 뿐이었다. 작은 상자에 담긴 엄마를 안고 장지로 향하는 동안 차 안에는 정적이 흘렀다. 라 로바의 늑대는 생명을 얻어 힘껏 내달렸지만 우리는 그러지 못했다. 창밖으로 보이는 나무도, 풍경도 초점 없이 뿌옇게 느껴졌다.

　엄마는 당신이 원하던 좋은 곳에 자리했다. 함께 거닐던 공원이 보이는 곳이다. 엄마의 자리는 작디작지만 자연으로 돌아가 자유로운 세상을 만날 것이다. 영혼은 내가 엄마를 떠올리며 노래를 흥얼거릴 때마다 숨을 쉬고 눈을 뜨고, 나와 함께 기꺼이 달려줄 것이라 믿는다.
　화장터에서는 오늘도 어김없이 많은 생명이 활활 타오르는 불속으로 들어가고 있다. 라 로바처럼 정성껏 준비한 모닥불과 노래는 없지만, 기도하고 그리워하는 뜨거운 마음이 고인들에게 하나도 놓침 없이 잘 전해진다면 좋겠다.

당신만의 커다란 세상을
만들어가던 엄마는
작디작은 상자 안에 담겼다.
그렇게 세상을 떠났다.

1 안녕, 가지 말아요 · 이별

배가 고프더라

　엄마는 하루 세 끼를 중요하게 생각하셨다. 끼니는 꼭 거르지 말고 챙겨 먹어야 한다며, 늦어서 허겁지겁 드라이기로 머리를 말리는 딸의 입속에 까만 김이 말린 밥을 넣어주셨다. 그리도 엄했던 엄마에게도 이러한 다정함이 있었다.

　열 살쯤이었던 걸로 기억한다. 아파서 어지럽고 속이 좋지 않았다. 열이 있어 땀에 흠뻑 젖어 잠에서 깼는데, 엄마는 어김없이 나를 위한 밥을 준비해 주셨다. 도저히 한 입도 먹을 수 없을 것 같았지만 엄마의 손에 들린 숟가락은 쉼 없이 움직였고, 꾸역꾸역 밥 한 공기를 해치웠다. 자다가 다 게워 냈다. 그러나 밥을 다 먹고 밖으로 내보낸 후, 나의 몸 상태는 믿기지 않을 만큼 좋아졌다.

그 때문인지 아파서 속이 울렁거리는 날에도 어김없이 밥은 나에게 중요했다. 아파도 끼니는 거르지 않았다. 입맛이 없는 날에는 물을 말아서라도 흰밥을 넘겼다. 든든하게 먹고 나면 다시 일어설 힘이 생겨났다. 결혼 전까지도 챙겨 먹지 않던 남편에게로, 아이들에게로 아침밥은 고스란히 전해졌다. 밥은 중요하니까.

엄마의 장례를 치르던 날에도 때가 되니 배가 고팠다.

"버티려면 먹어야 해. 어서 한 그릇 먹어 봐."

어른들이 건네는 말이 마치 엄마가 건네는 말처럼 다가왔다.
'그래, 먹어야 힘이 나지. 내가 무너지면 안 되지.'
마침, 배도 고팠겠다 육개장 한 그릇을 뚝딱 해치웠다.
'나 입맛도 없을 만큼 너무 고통스러워야 하는데, 왜 이리 멀쩡하지? 아니야, 엄마는 내가 씩씩하게 이겨내길 바랄 거야.'
두 마음이 서로에게 한 치의 양보도 없이 다투는 사이, 밤은 찾아왔고 때 되니 졸리기까지 했다. 며칠 밤을 끄떡없이 지새

우며 일하던 내가, 엄마의 죽음 앞에서는 잠조차도 이겨내지 못했다.

 아무 일도 없었던 듯 나의 생체시계는 평소와 같이 흘러갔다. 때가 되면 배가 고프고 졸려왔다. 죄책감이 밀려왔다. 분명 너무나도 아프고 고통스러워 아무것도 할 수 없는 상태여야 하는데, 나는 왜 이리 씩씩하지.
 그러나 몸과 마음이 합을 맞추지 못하고 다른 방향을 향했다. 멀쩡해 보이는 몸과는 다르게, 고통은 내 삶 곳곳에서 불쑥불쑥 고개를 내밀었다. 뜻하지 않은 장소에서 생각지도 못했던 시간에 예고도 없이 찾아왔다.

 엄마가 말씀하신 밥심이 나를 살렸는지도 모른다. 배마저 고프지 않았다면 누워 꼼짝도 하지 않았을 것이다. 때로는 맛있게 때로는 꾸역꾸역 세 끼를 챙겨 먹고 또 챙겨주려니 일어나 움직이고, 움직이다 보면 어느덧 해가 졌다.
 밥심 안에는 몸의 에너지와 마음 에너지가 함께 자리한다. 곧 몸의 허기와 마음의 허기를 모두 채우는 일이라는 것이다. 이 중요한 걸 거르지 않기 위해 노력한다. 나에게 '먹는다'는 건, 하루를 잘 살아가겠다는 나와의 약속이다.

1 안녕, 가지 말아요 · 이별

아무렇지 않은 척했지만

　오랜만에 사람들을 만나고 좋은 강의를 들으러 가는 날이라 잠을 설친 탓인지, 눈꺼풀이 무겁고, 몸에 힘이 들어가지 않았다. 차를 운전해 주민 센터에 들렀다.
　주차장에 들어섰는데 마침 주차하기 편한 곳에 자리가 비어 있었다. 각도를 잡고 핸들을 돌리고 주차선에 맞춰 뒤로, 뒤로. '삐삐삐삐' 위험을 알리는 후방카메라의 경고음 소리. 다시 차를 앞으로 뺐다가 핸들을 돌리고 뒤로, 뒤로. '삐삐삐삐', '삐삐삐삐', '삐삐삐삐', '쿵!' 답답한 마음과 함께 사이드미러의 고개가 90도로 젖혀지는 사고가 났다.

엄마의 사망신고를 하러 가는 날이었다.

'그게 뭐라고, 잠을 설치고 마음이 가라앉질 않아 사고까지 내나. 이제 좀 괜찮아진 거 아니었니. 나란 사람 많이 씩씩하잖아? 여기에서 이리 울면 안 되지. 이런다고 엄마가 살아 돌아오니? 마음 편히 보내드리자. 좀 더 강해지자.'
작은 공간 안에서 혼잣말을 되풀이했다. 애써 털어내려 했지만, 움켜잡고 놓아주지 않는 무언가에 휩쓸려 커다란 태풍을 마주하고 말았다. 남편에게서 온 전화벨이 울렸다. 받지 않았다.

눈이 퉁퉁 부은 채로, 주민 센터로 올라갔다. 사망신고서에 엄마의 이름을 적고 사망 일자를 적었다. 한 글자 한 글자 내 손으로 채운 종이 한 장으로, 엄마는 정말 이곳에 존재하는 사람이 아니게 되었다. 떠나지 못하고 맴돌던 마음 조각들이 사망신고서와 함께 냉정함을 장착했다. 씩씩하게 가방을 여미고 돌아서는 길, 직원분의 안내에 따라 '화장 장려금'까지 신청했다. 계단을 내려오며 엄마에게 미안한 마음이 올라왔다. 또박또박 써 내려간 글자를 눈물도 없이 바라보던 나는 어디로 갔을까.
추상적인 슬픔을 걷지 못한 채 구체적인 선택을 해야 하는 순간 앞에서는, 언제나 묘한 죄책감이 몰려든다.

일정 참 잘 잡았다. 이런 날 강의를 들으러 가다니. 무거운 마음을 털어내고 싶었나 보다. 오랜만에 얼굴을 마주한 선생님은 두 손 벌려 나를 안아주셨다. '사람 품이 이런 거구나.' 내 안에 복잡하게 뒤섞여 있던 감정들이 차분하게 제자리를 찾은 것만 같았다. '감사합니다.' 하지만 그런 마음과는 반대로 강의에는 집중할 수 없었다. 마음이 피로한 건지 몸이 피로한 건지 집에 오자마자 낮잠을 세 시간을 넘겨 잤다.

시도 때도 없이 감정이 휘몰아쳤다. 내가 익혀온 '슬픔'만으로는, 그걸로는 충분히 설명되지 않았다. 별것 아닌 일에 짜증이 올라오고 화가 치밀었다. 아이들이 조금이라도 틀에서 벗어난 행동을 하면 '엄마 힘드니까 그만 좀 하라'며 다그쳤다. '엄마, 힘들어?' 아이들의 한마디에 '아차' 싶어 다시 제자리를 찾았다가도 엉망이 되는 건 한순간이었다.

그런 내가 무서워 숨기 시작했다. 안에서 울컥울컥 올라올 기미가 보이면 침대 위 이불에 얼굴을 처박고 소리를 내어 울었다. 뒤를 돌아 울음을 삼키고, 애써 웃음을 지었다. 재미있는 일들을 시도했다. 괜찮아졌다. 아무렇지 않았다.

사망신고 하러 가는 날, 작은 사고를 겪은 차 안에서 알아차렸다. 아무렇지 않은 척했지만, 엄마를 보내드린 후 나에게 괜찮은 순간은 단 한 순간도 없었다는 걸….

그간 속여 왔던 나에게 미안한 마음을 전하듯, 난 그날 이후로 마음껏 아파하고 마음껏 울기로 결심했다. 아이들이 아파할까, 사람들이 걱정할까, 하늘에서 엄마가 잠 못 이루실까, 하는 마음을 내려놓고 마음껏 울고 보고 싶다, 말하기로 했다.
마음을 알아차리는 일은 무엇보다 중요하다. 그날 알아차리지 못했다면, 그랬다면… 사이드미러 사고에서 그치지 않았을지도 모른다.

아픔의 순간이 찾아오면 마음껏 아파하라고 하지만, 그것도 내 감정에 솔직한 사람만이 할 수 있다. 살아오며 연습을 충분히 해온 사람만이.
내가 아파하는 방법이 틀린 건 아니지만 최선은 아니었다.

바다도 온전히 모든 것을
품을 것 같지만
그러지 못하겠지.

그래서 밀어내고
또 밀어내는 거겠지.

바다가 잔잔해지듯
내 안의 소용돌이도
잔잔해지길.

1 안녕, 가지 말아요 · 이별

지우지를 못하고

'엄마, 전화 좀 받아요.'
엄마의 핸드폰에 저장된 마지막 문자 메시지이다.

여러 번 전화해도 받지 않는 엄마에게, '혹여나 문자 메시지의 알림은 알아챌 수 있을까?' 하는 마음에 보낸 문자였다. 마지막 문자를 지우지 못했다.
엄마 생각이 날 때마다, 문자를 읽고 또 읽었다. '그날로 다시 돌아갈 수 있다면 상황이 달라졌을까?', '난 왜 당장 달려가 볼 생각을 하지 않았던 거지?' 후회의 굴레에서 정신없이 헤매고

있을 때, 엄마의 전화기에 진동이 울렸다. 심장이 쿵! '뭐지?'
큰 아이였다.

"이젠 할머니한테 전화해도 할머니가 못 받네. 엄마, 할머니 보고 싶어."

전화하면 당신 할 말만 하고 툭, 끊어버리던 엄마가 매일 전화하라는 지령을 내렸다. 그 후로 하루에 한 번은 꼭 엄마에게 전화했다. '오늘은 무슨 말을 하지?' 어색했던 공기의 흐름을 기억한다. 무뚝뚝한 엄마와 그를 닮은 딸의 통화란, 가을과 겨울 사이다. 갑작스레 찾아온 추위에 어쩔 줄 몰라 옷을 껴입었다가 벗었다가를 반복하는 것과 같다.

엄마는 '지랄도 하면 는다.'는 말씀을 자주 하셨다. 매일의 통화는 그 말을 증명할 수 있는 우리만의 예시가 되었다. 생각보다 엄마와 나눌 수 있는 이야기 소재는 많았다. 식사는 잘하는지, 오늘은 어디 나가는지, 요즘 보는 드라마는 무엇인지, 날씨는, 윗집 할머니는, 아이들은, 남편은…. 할 얘기가 없다는 건 그만큼 소통이 단절되었다는 말이다. 이야기는 꼬리에 꼬리를 문다. 알아야 물을 수 있고, 알아야 궁금한 점이 생긴다. 막혔던

둘 사이의 무언가가 조금씩 풀려가고 있었다.

  그럼에도 엄마는 가까이 사는데 얼굴 보기가 더 힘들다며 서운해하셨다. 일주일에 몇 번은 공원 걸으며 운동하자는 약속을 지키지 못했다. 하는 일이 늘었고, 새로운 사람들을 만나며 하루하루가 분주해졌다. 그 안에서 즐거움과 설렘을 쫓느라 엄마와의 약속은 자연스레 우선순위에서 밀려났다.

  어린 시절엔 엄마가 종일 내 옆에 붙어있으면 좋겠다고 생각했다. 학교 갔다가 집에 돌아오면 뜨끈한 밥을 차리고 잘 다녀왔냐며 와락 안아주는 엄마가 있다면 좋겠다는 바람을 가졌다. 적막함에 사로잡혀 저절로 무기력해지는 집이거나, 손님들로 북적여 엄마는 내 것이 될 수 없는 집이었다. 언제나 기다리는 쪽은 나였다.

  머리칼이 백발이 되니 기다리는 쪽은 엄마가 되었다. 우리를 기다렸다. '이번 주도 텃밭 가야지?', '어린이날인데 뭐하니?', '내일이 최 서방 생일이니까 고기나 먹자.', '날 좋다, 같이 좀 걷자, 나올래?'

  어느 날은 피곤해서, 또 어떤 날은 선약이 있어서 엄마의 말에 'YES'를 한 날이 많지 않았다. '다음에…'라는 기약도 없는 말로 답했다. 엄마의 마음은 안중에도 없었다.

    지우지를 못했다. '엄마, 전화 좀 받아요.'라는 문자메시지를.
    엄마가 전화를 받으면, '같이 공원 산책하자. 나와요, 엄마.'
라며 건네고 싶었다. 그 한 마디를 끝끝내 하지 못했다.

엄마와 단둘이
여행을 다녀오겠다고
계획만 하고서는…

1 안녕, 가지 말아요 · 이별

그냥 지나가도 돼요

"이제 좀 괜찮니? 여전히 힘들지? 그래도 어쩌겠니. 힘을 내야지. 그래야 살지."

어떠한 일이 있어도 '아자! 아자! 아자!'를 외치면 힘이 솟던 나에게도 '아자'의 '아'조차도 꺼내지 못하던 때가 있었다. '아닐 거야, 그럴 리가 없어'라는 마음을 지나, 자신을 속이며 '괜찮아'를 되뇌었다. 괜찮지 않았다. 그대로 고꾸라져 복잡한 감정의 늪에서 허우적거리기를 반복했다. 그런 나에게, 힘을 내라고 말하는 이들이 있었다. 일명 '산 사람은 살아야지'이다. 알고 있다. 그래야 한다는 걸. 하지만 힘이 나지 않았다. 위로의 말이 위로로 다가오지 않았던 것이다.

"그래야죠. 힘을 내야죠. 저 괜찮아요."

나에게 날아온 문장 앞에서 어떤 답을 해야 하나 고민했다. 힘들다며 펑펑 울고 떼를 부리고 싶을 때도 있었다. 왜 나에게 자꾸 힘을 내라고 하냐며 버럭 화를 내고 싶기도 했다. 그러나 '괜찮다'라고 해야 할 것 같았다. 잘 살고 있다고 걱정 말라고, 애써 웃으며 전화를 끊었다. 통화 종료 버튼을 누르고 나면 다시 현실로 돌아왔다. 그래, 이게 뭐니. 힘을 내야지. 나에게 어서 힘을 내보라고 채찍질하듯 웃음을 짓고, 에너지를 끌어올렸다. 그럴수록 내 안엔 평온이 아닌 분노에 가까운 감정이 쌓여갔다. '알고 있어요. 알고 있다고!! 그냥 나 좀 내버려두면 안 되는 건가요?'

감사의 안부가 감시의 안부처럼 느껴졌다. '어디 잘 살고 있나, 요 녀석이 또, 눈 퉁퉁 부은 채로 넋을 잃고 있는 거 아니야? 밥은 제때 챙겨 먹고 있는 거야? 잠은 잘 자나? 그러면 안 되는데!!'

더불어 동정의 마음으로 전해지기도 했다. '가엾어서 어째. 불쌍해서 어째.' 동정이라면 사양하고 싶었다.

반복되는 위로, 반복되는 동정과 '힘내야지'를 건네던 이들의 전화를 피하기 시작했다. 감사함과 미안함이 시소를 타다가 미안함을 택하기로 한 것이다. 내가 살기 위한 방법이었다. 미안함을 품고 나니, 슬픔에 더 깊이 빠질 수 있었다.
 '미안하지만, 나 좀 울게요.'
 '미안하지만, 나 좀 쉴게요.'
 '미안하지만, 나 좀 내버려두세요.'
 '미안하지만…'
 깊이 들어갔다가 나오는 날엔 깊은 잠을 잘 수 있었다.

예전엔 항상 모든 것에 이유가 있다고 생각했다. 그래서 '그냥'이라고 답하는 이들은, 바보, 멍텅구리, 생각이 없는 사람이라 생각했다. 삶이 축적될수록 그냥 이유 없이 행해지는 게 많다는 걸 알게 된다. 그땐 그냥 아무 뜻이나 조건 없이 있는 그대로의 시간을 보내고 싶었다. 마음이 전해지더라도 그 마음이 텅 비어있기를 바랐다. 그래서 그로부터 무게나 책임이 느껴지지 않기를, '그냥'의 마음이 자리했으면 했다.

당신이 내미는 손이, 따스한 품이 감사하지만 때로는 인사를 건네지 않길, 다가오지 않길, 그냥… 그냥… 모른 척해 주길.

위로가 자신의 자리를 몰라 허둥지둥 대다가, 생각지도 못한 감정이 덕지덕지 붙어 버릴 때가 있다. 위로에 대한 책임감을 느낄 필요는 없다.

때로는 그냥 지나가도 된다.

그냥…

chapter ❷

안녕, 잘 지내나요

그리움

2 안녕, 잘 지내나요 . 그리움

작은 상자 하나

미루고 미루었던 엄마의 집을 정리하던 날, 엄마가 남기고 간 물건은 나 혼자 정리하고 싶어 며칠에 걸쳐 홀로 방문했다.

문을 열고 들어서니 코끝으로 엄마의 냄새가 느껴졌다. 너무나 익숙해서 이리 진한 향을 품고 있는지 몰랐다. 현관에 놓인 작은 신발을 보니, 불 꺼진 집 어딘가에서 엄마가 금방이라도 나를 반기러 나올 것만 같았다. 스위치를 올리자 선명하게 집 안 곳곳의 물건들이 눈에 들어왔다.

방 한편의 베개, 잠시 누워계셨던 흔적이겠지. TV를 보셨으

려나. 섬유유연제 냄새가 채 가시지 않은 건조대에 널려있는 옷가지들, 방문에 붙어있는 아이들의 그림, 선물해 드리는 그림은 버려지는 일이 없었지. 어버이날 선물해 드린 카네이션, 일과 중 하나를 책임졌던 작은 방에 놓인 컴퓨터 그리고 그 옆에 놓인 돋보기안경….

일시 정지된 회색빛 공간에 엄마의 물건들은 각자의 이야기를 품고 자리를 굳건히 지키고 있었다.

멈춰있는 공간에 살아 숨 쉬는 것들도 있었다. 엄마가 정성스레 키워온 화초들이다. 봄이면 그 무거운 화분을 밖으로 냈다가, 겨울이면 다시 안으로 들이셨다. 그땐 몰랐다. 화분이 이리도 묵직해 보인다는 걸. 한 번을 도와드리지 못했다.

홀로 식사할 때마다 화초와 대화를 한다고 하셨다.

'이젠 너도 대화할 상대가 없구나. 네 이름을 불러줄 사람이 없구나.'

그 가여운 녀석들을 모두 데려오고 싶었지만, 엄마처럼 정성 들여 키울 자신이 없어 '아이비'만 데려왔다. 축 늘어진 모양새와는 다르게 자세히 들여다보면 줄기가 서로 부둥켜안고 의지하는 것처럼 보인다. 단단한 생명력을 품고 있다. 나에게도 건강한 기운을 전해줄 것만 같았다.

검은 옷장, 내가 중학생 때 사들인 옷장이다. 왜 하필 검은색이냐며 투덜댔던 때가 떠올랐다. 옷장엔 이불과 옷가지들이 들어있었다. 엄마의 냄새를 응축시켜 모아놓은 듯 코끝이 바빠져 왔다. '엄마 냄새다. 엄마 냄새…' 이불에 얼굴을 파묻었다.

엄마의 냄새가 눈으로 코로 입으로, 볼로 그리고 귀로 전해지며 내 이름을 불러주었다. 이 냄새를 어찌 잊을 수 있을까. 엄마는 아직 그곳에 계셨다. 그러나 더 꼭 끌어안고 몇 번이고 불러도, 진한 냄새만 전해질 뿐이었다. 엄마의 옷장 안엔 안아도 안을 수 없는 것들이 자리하고 있었다.

겨울이면 걸쳐 입던 점퍼들, 살이 많이 빠져서 헐렁이던 바지들, 내가 사드린 보라색 등산복. 그리고 옷장 위 상자 속엔 입지도 않은 내복이 들어있었다. 나의 첫 월급으로 사드린 내복이었다. 어디서 들었는지 첫 선물은 꼭 빨간색이어야 한다며 빨간 내복을 선물해 드렸다. 엄마는 딸의 선물을 상자 속에 고스란히 모셔두었다. 빨간 내복은 빛깔을 잃지도 않은 채 그곳에서 20년이라는 시간을 견뎌왔다.

'이젠 너에게도 자유를 줄게. 엄마를 지켜줘서 고마워.'

엄마는 죽을 때 이고 가기 힘들다며 물건을 하나 둘 정리하셨다. 그럼에도 버려질 물건은 꽤 되었다. 주인이 없으니 물건들도 새로운 주인을 만나거나 생을 마쳐야 했다. 가구들과 큰 짐은 내놓고, 옷가지들은 동네의 옷을 수거하는 아주머니께로 보내드렸다. 그리고 작은 물건들은 몇 가지만 빼고 모두 쓰레기봉투 안에 들어갔다. 그것들의 운명은 거기까지였다. 사람도 물건도 생의 끝은 있다.

 엄마의 집이 물건 하나 없이 텅 비었다. 그곳에 덩그러니 놓여있는 작은 상자. 내가 가져갈 물건은 고작 상자 하나였다. 70년을 넘게 살아온 자가 남긴 물건은, 살아온 햇수만큼의 가짓수도 되지 않았다.

엄마의 물건들이
쓰레기가 되었다.

아프고 아쉽고 죄송한 마음도
함께 안녕하고 싶다.
잘 가요.

2 안녕, 잘 지내나요. 그리움

불러도 대답 없는

"어디쯤이야? 어서 와. 여기 자리 맡아놨으니까. 내려오면 바로 오른쪽에 있어."

엄마의 집을 방문할 때면 엄마는 항상 집 앞 공영주차장에 나와 계셨다. 어떤 날은 주차된 차들이 꽉 차서 도로를 한 바퀴 돌아가야 하는 반대편 주차장을 이용해야 했기에, 우리가 오는 날은 누구보다 분주하게 움직여 주차장에 나와 계셨다. 자리가 빈 주차 공간 앞에 아무도 차를 들이밀지 못하게 서 계셨다. 일명 민폐 주차장 이용객이었다.

"우리 딸이 바로 요 앞에 있어요. 금방 와요."

아무리 다리가 아파도, '젊은 사람들도 힘들다'며 버스에서 양보받는 것을 꺼리셨다. 급한 일이 있어도 순서를 지켜 줄을 서던 엄마였다. 남에게 피해가 가는 행동, 노력 없이 대가를 바라는 행동은 엄마 인생에는 없었다. 그랬던 엄마가 우리가 오는 날은 이 두 가지의 또렷했던 선을 아무렇지 않게 넘었다. 그 곁엔 '우리 딸'이 있었다.

아이들과 함께 차에서 내리는 날은, 엄마의 손은 과자와 음료수로 묵직했다. 과자는 키 안 큰다며, 음료수는 이 썩는다며 사주지 않던 엄마는 너그러운 할머니가 되었다.
천을 따라 걷고 꽃을 보고 하늘을 봤다. 걷다가 쉼이 필요하면 벤치에 앉아 엄마가 싸 온 간식거리를 먹었다. 그리고 이야기를 나누었다. 이 별 것 아닌 것들이 '행복'이었다는 걸 그땐 몰랐다.

집에 돌아가려고 차에 올라타면, 엄마는 우리 차가 보이지 않을 때까지 손을 흔들고 바라봐주었다. 왼쪽 사이드미러에는 언제나 엄마가 서 있었다. '잘 들어가고 계시나?'하고 보면 여전히 엄마는 그곳에 있었다.

며칠 전 아이들과 뮤지컬 알사탕을 관람했다. 동동이가 아빠 마음의 소리를 들을 때부터 스멀스멀 올라오던 감정을 누르고 있었는데, 풍선껌을 부는 순간 큰 아이가 날 보며 물었다.

"엄마, 괜찮아?"

등을 토닥이는 아이의 손에 잠가두었던 수도꼭지가 열렸다. 보는 내내 나의 눈치를 살피고 등을 쓰다듬고, 괜찮냐고 물어보던 아이였다. 엄마가 남긴 가장 큰 선물은 나의 아이들이 아닐까. 그럼에도 요즘, 아이들은 나의 날뛰는 모든 감정의 피해자이다. 눈치를 살피고 안아주는 아이들에게, 난 늘 힘들다며 쉬고 싶다며 힘껏 안아주지도 재잘대는 이야기를 들어주지도 못했다. 내 마음이 온전치 못하니 밖으로 향할 여유가 없었다.

"나, 잠깐 산책 좀 하고 올게."

또 한 번 오르락내리락하는 감정을 주체하지 못하고 집을 나왔다. 집에 있자니, 가슴이 답답하고, 아이들에게 괜한 큰 소리를 낼 것 같았다. 어디든 가고 싶었다.

 차에 시동을 걸었다. 해가 지고 있었다. 엄마가 마중과 배웅을 해주던 주차장에 도착해 차를 세우고 눈을 감았다. 시간이 얼마나 흘렀을까, 남편에게 걸려 온 전화가 아니었다면 차에서 아침을 맞이했을 것이다. 시동을 걸고 사이드미러를 폈다. 어두운 공기만 거울을 가득 메웠다. 엄마는 그곳에 계시지 않았다. 다시 접었다 폈다. 여전히 적막한 풍경이 자리하고 있을 뿐이었다. 참고 참았던 것들이 폭포수처럼 흘러나왔다.

 '사물이 거울에 보이는 것보다 가까이 있음'이라는 문구에 관한 이야기를 드라마에서 본 적이 있다. 연인 사이의 대화였다. 엄마는 생각했던 것보다 가까이 계셨고, 내 생각은 거기에 미치지 못했었다. 언제나 그곳에 계실 줄 알았던 엄마는, 불러도 아무런 대답이 없었다.

불러도 불러도
대답이 없는 엄마.
무심하게도
꿈속에서조차
나타나지 않는 엄마.

엄마

엄마

엄마

2 안녕, 잘 지내나요. 그리움

수시로 찾아오는 손님

　가족들과 깔깔거리며 점심을 먹고 설거지를 하다가 엄마 생각이 났다. 엄마가 사주신 반찬통이었다. 내 생각이 나서 샀다며 가져다주신 물건이 집 안 곳곳에서 숨 쉬고 있다. 엄마가 딸 생각을 이리도 많이 했다는 걸 이제야 알게 되었다. 눈물샘이 터졌다. 물을 더 세게 틀고, 그릇을 더 소리 내며 닦았다. 마지막 그릇을 건조대에 올려놓는 순간, 약속한 듯이 샘도 말랐다.

　화분에 물을 주다가 엄마 생각이 났다. 엄마 집에서 가져온 아이비였다. 내 마음은 아직도 그날에 머물러 있는데, 녀석은 씩씩하게 잘 자라 길게 뻗어나가고 있었다. 아무 데나 심어도 잘 자란다며 화분에 잘 심어서 가져다주신 사랑초도 있었다. 낮엔 가슴을 활짝 열고 해가 주는 사랑을 듬뿍 모아, 밤이면 꼭 안아주는 사랑초였다. 그 사랑이 집안 곳곳에 흐르기를 바랐다. '오늘 너희에게 줄 물은 조금 짠 맛이 날지도 몰라.' 다리에 힘이 풀려 철퍼덕 주저앉았다. 한바탕 눈을 훔치고 나서야 일어날 수 있었다.

친구가 점심을 먹자고 해 오랜만에 집을 나선 날. '오늘은 울지 말아야지.' 다짐했다. 다정한 친구들의 말에 또 한 번의 분수 눈물을 쏟고 말았다. 가끔 기념일이면 엄마와 함께 가던 식당이었다. 집으로 돌아오는 길엔 엄마와 걷던 공원을 걸었다. 내 마음이 멈춰있는 동안, 물은 여전히 흐르고 나무는 계절 따라 변하고 있었다. 날갯짓하는 새도, 하늘의 구름도 개울가의 물도 자신의 삶을 이어가고 있다. 흐르는 물 따라 또다시 눈물이 흘러내렸다. 눈물이 바다가 되었다는 그림책의 이야기처럼 내 눈물을 모으면 헤엄을 칠 수 있을지 모른다.

쌓인 짐을 정리하다가 사진을 발견했다. 엄마 생신 때 선물해드린 가족사진이 담긴 달력이다. 해는 지났지만, 버릴 수가 없어 구석 어딘가에 놓았는데, 버리기로 결심했다. 사진은 사진일 뿐이니까. 웃고 있는 엄마와 마지막 인사를 나누고 손에 힘을 주어 조각을 냈다.

두꺼운 재질의 종이는 생각처럼 잘 찢어지지 않았다. 주저앉아 멍하니 기억을 길어 올리다, 온 얼굴을 적시고 나서야 다리가 저려움을 느꼈다. 사진은 작은 조각이 되어 사라졌지만, 아리고 시린 마음은 여전히 남아있다. 아무렇지 않은 날이 올까. 겨우 사진 한 장이 차가운 계절을 불러왔다.

책을 보다가, 길을 걷다가, 장을 보다가, 잠을 자려고 이불을 덮다가, 버스를 타다가, 양치하다가, 신발을 신다가, 빨래를 널다가, 우산을 펼치다가, 저녁노을을 보다가, 라디오를 듣다가, 청소기를 돌리다가, 창문을 열다가, 영화를 보다가, 안경을 닦다가, 샤워하다가, 통화하다가, 운전하다가, 커피를 마시다가, 길에 핀 꽃을 보다가, 하늘을 올려다보다가, 방의 불을 켜다가, 길 가는 할머니를 보다가, 꿈속에서… 엄마와의 기억은 수시로 찾아왔다.

슬픔이라는 말에 모든 걸 담기엔 부족하다. 분명 이 세상엔 없는 표현일 것이다. 정해진 시간에만 찾아오는 감정이면 좋겠다. 예상치 못한 순간에 예상치 못한 장소에서 불쑥불쑥 찾아오는 손님, 난 아직 그 손님을 정성스레 맞이할 준비가 되지 않았다.

홀로 오랜 시간 소리 내어 울며, 추억하고 그리워하고 싶어도 그럴만한 장소가 딱히 없다. 일상의 모든 것들이 쿡쿡 옆구리를 찌르며 정신을 바짝 차리게 한다.

얼마 전 책방 사장님의 추천으로 구매한 그림책, 「고래 옷장」(박은경 글, 김승연 그림, 웅진주니어)을 펼쳤다.
「고래 옷장」 속 옷장은 '울기 좋은 곳'이란다. 나도 함께 발걸음해 본다. 소리 내어 울지 못했던 순간들을 모아 한껏 쏟아내 본다. 정말 바다처럼 눈물을 쏟아도 고래가 등으로 다 뿜어내 줄지 모르겠다. 시원하게 말이다. 수시로 찾아오는 손님을 마음 다해 맞이할 준비를 해본다.

슬픔이라는 말에
모든 걸 담기엔 부족해.
분명 이 세상엔
없는 표현일 거야.

2 안녕, 잘 지내나요. 그리움

계속되는 이별

 마음이 술렁술렁 맑음과 흐림을 정신없이 오가는 와중에, 또 한 번의 부고 소식을 접했다. 시간이 어떻게 흘러갔는지 모르는 하루였다. 갑작스레 찾아온 이별 앞에서 허둥대던 날들을 고스란히 친구가 겪을 거라고 생각하니 마음이 아려왔다. 그녀의 얼굴이 종일 아른거렸다.

 빨래도 하고, 청소도 하고, 아이의 온라인 수업도 봐 주고, 바쁜 하루를 보냈음에도 내 안의 복잡한 감정들이 뒤섞여 그 무엇도 제대로 된 역할을 해내지 못했다.

퇴근한 남편과 함께 그녀가 있는 곳으로 향했다. 하루가 얼마나 길게 느껴졌는지 모른다. 당장이라도 달려가 와락 친구를 안아주고 싶은 마음을 눌러 담느라 애를 썼다.

도착해 주차하고 걸어 들어가는 길, 그곳의 조명과 사람들의 소리, 음식 냄새가 익숙하게 다가왔다. 나에게 장례식장은 이제 더 이상 한 발짝 떨어진 장소가 아니었다.

친구의 얼굴은 하루 만에 반쪽이 되어 있었다. 웃으며 나를 맞아주었지만, 웃음 뒤에 가득한 복잡한 마음을 나는 알고 있었다. 안아주고 토닥이는 것밖에는 마음 다해 위로해 주는 것밖에는 내가 해줄 수 있는 게 없었다. 아니다. 우리는 그 후, 갑작스러운 이별로 혼란스러운 마음을 함께 들여다보았다. 꽤 깊고 어두웠지만 함께 나누는 이가 있으니 용기가 생겼다. 너도, 나도 곧 괜찮아질 것이라는 희망 아닌 희망이 자리했다.

얼마 뒤 남편 친구의 장모님이 돌아가셨다. 그리고 친구의 시아버님이 돌아가셨다. 죽음은 역시나 예고하고 찾아오지 않았다. 반갑지 않은 손님은 불쑥불쑥 내 주변에서 자주 문을 두드렸다. 뉴스에서는 교통사고로, 재해로, 전쟁으로 예기치 못한 마지막을 맞이한 이들의 이야기가 쉼 없이 들려왔다. 배경 음악처럼 늘 있는 이야기, 그냥 세상 돌아가는 이야기에 불과했던 '죽음'은 언제나 '엄마'를 떠올리게 했고, 남은 내 가족의 안부를 물어왔다.

슬픔 너머의 존재가 손짓한다. '밤새 안녕'이라고. 수많은 죽음의 그림자가 삶 곳곳에 자리하고 있다. 언제 문을 두드릴지, 손을 내밀지 모르는 일이다.

쌓여있던 일도, 아이들의 학교생활도, 365일이라는 일 년도 끝이라는 게 있다. 그런데 이별은 끝이 없다.

삶이 계속되듯, 이별도 계속된다.

2 안녕, 잘 지내나요 . 그리움

엄마는 강하다?

남편이 허리가 아프다며 파스를 찾았다.

'파스가 어디 있었더라. 맞다! 작은 방에 엄마 집에서 가져온 것들이 있었지.'

엄마의 집을 정리하고 집으로 가져온 물건들이 있다. 엄마를 기억할 수 있는 것들 그리고 생활하며 사용할 수 있는 것들이다. 파스가 그중 하나였다. 방 한쪽에 자리 잡고 있던 종이 가방을 꺼냈다. 파스와 반창고가 종류별로 들어있었다.

'혼자 살면서 파스와 반창고가 뭐 이리 많이 필요했을까.'

넘어져 팔을 다쳤다고 말씀하셨던 엄마가 떠올랐다. 나이가 드니 상처도 빨리 아물지 않는다며 팔에 커다란 반창고를 붙이고 오셨다. 일주일이 지나도 엄마의 팔은 아물지 않았다. 그런 엄마를 마주하고도 난 어른이니 약 바르면 금방 나을 거라며 병원 한 번 모시고 가지 않았다. 그렇게 자랐다. 아픈 건 잘 먹고 잘 자고 나면 낫는 거였다. 엄마도 그런 줄 알았다. 파스와 반창고뿐 아니라 종합감기약, 소화제, 각종 약품이 가득했다. 약을 그리도 멀리하던 엄마의 물건들이었다.

엄마 집에서 가져온 물건들을 하나둘 꺼내 보았다. 검은색의 CD Player는 엄마가 잠이 오지 않는다고 해 음악 들으며 주무시라며 CD와 함께 사드린 것이었다. 클래식 CD, 양희은 CD와 함께 그것을 들고 엄마 집에 갔던 날, CD를 넣고 버튼을 눌러 작동시키는 법을 알려드렸다. 음량 조절하는 법도 알려드렸다. 검은색 작은 기계에서 흘러나오는 양희은의 목소리를 들으며 좋아하셨다. 가끔 음악은 들을 만하냐고 여쭤보면, 잘 듣고 있다는 답변이 왔다. 그리고 언제부터인가는 귀찮아서 안 듣는다고 했다.

엄마가 마지막에 들었던 음악은 뭘까, 하며 뚜껑을 열자 CD가 뒤집힌 채 꽂혀있었다. 혹시나 해서 재생 버튼을 눌러보니 작동되지 않았다. 나에게 TV 리모컨 작동하는 법, 가스레인지 사용하는 법, 카메라 사용하는 법을 알려주던 여인이 맞던가. CD 하나 제대로 꽂지 못해 음악도 듣지 못하고, 왜 딸에겐 얘기하지 않았을까.

그러고 보니 엄마는 컴퓨터가 말썽이라며 나를 자주 부르셨다. 힘든 일도 아닌데 필요할 때 바로 달려가지를 못했다. '이거 하나 해주는 게 그리 힘드냐.'며 서운한 마음을 토로할 때면 짜증이 올라오기도 했다. 아마도 CD는 그런 딸에게 부탁하기가 미안하셨나 보다.

어떤 새로운 일이든 부딪혀 자신만의 방법을 찾던 무적의 엄마는 없었다. 나는 그것을 인정하기 싫어 모른 척하는 못난 딸이었다.

CD player 옆에 자리한 작은 수첩 하나를 펼쳐보았다. 기억하려 하지 않으면 기억력이 점점 흐려진다며 가까운 지인들 전화번호는 외우셨기에, 수첩 안에 적혀있는 전화번호는 그리 많지 않았다. 어느 장엔 구구단이 쓰여있었다. 엄마의 기억을 보살펴 주던 여러 숫자가 가지런히 제자리를 지키고 있었다. 아이들의 생일, 남편의 생일도 적혀있었다. 잊지 않고 생일이면 찾아오시던 엄마. 내 생일이 적혀있지 않았다. 엄마는 내 생일을 기억하고 계셨다.

엄마가 돌아가시고 나서 엄마의 친구들이 말씀하셨다. 찾기 복잡할지도 모르니, 통장에 있는 돈을 미리 빼놓으라고. 힘든 정신에도 엄마의 지갑을 열어 입출금 카드를 가지고 은행에 갔다. 한 곳은 엄마가 자주 부탁하셔서 비밀번호를 알고 있었다. '띠띠띠띠' 비밀번호를 누르고 '출금'버튼을 눌러야 했지만 손가락이 움직이질 않았다. 다른 한 곳은 비밀번호가 풀리지 않았다. 무엇으로 하셨을까. 세 번의 기회 중 한 번이 남았을 때 집으로 돌아왔다. 그리고 한동안 잊고 있었다.

볼 일이 있어 은행 근처를 가게 되었다. 그때 번뜩 떠올랐다. '띠띠띠띠' 비밀번호가 해제되었다. 그건 다름 아닌 내 생일이었다. 다리에 힘이 풀리고 머리가 어지러웠다. 주저앉아 한참을 울고 층계를 내려와 구석진 곳에서 또 한 번 주저앉았다.

결국 '출금'버튼을 누르지 못했고, 몇 개월이 지나고 나서야 사망신고서를 들고 은행에 갈 수 있었다.

생일을 마음껏 즐길 수 없게 되었다. 엄마가 두고 간 모습들이 누구보다 약해 보여서, 그것이 내 탓인 것만 같아서….

내게 큰 어른이었던 엄마는
어느새 작고 연약한 존재가 되어 있었다.

2 안녕, 잘 지내나요 . 그리움

친구도 아프다

전화벨이 울렸다. 전화기에 뜬 여섯 글자, 반가우면서도 그렇지 않은 발신자. 전화를 끊고 나면 문득 떠오른 엄마 생각에 한참을 멍하니 있어야 하는 사람이다.

"여보세요."
"지해야, 잘 지내니?"
"네, 아줌마도 잘 지내시죠?"
"오늘 일 끝나고 오는 길에 언니 집 앞을 지나는데, 언니가 너무 보고 싶더라."

엄마 생각이 나서 돌아서 다니던 그 길을 지나치지 않고 마주하셨나 보다.

아줌마는 엄마를 언니처럼 잘 챙겨주시던 분이었다. 매년 겨울이 다가오면 나에게까지 김장김치를 몇 통씩이나 실어다 주셨고, 특별한 음식이라도 한 날이면 엄마를 거쳐 우리 집 식탁 위까지 맛난 음식이 전해져왔다. 그때는 그게 단순히 '손이 커서'라고 생각했다.

엄마의 부고 소식을 듣고 누구보다 먼저 달려온 사람. 머릿속이 하얬던 우리 곁을 지키며, 장례식 내내 발이 닳게 움직여준 사람. 우리 곁에서 어른의 역할을 해내느라 제대로 슬퍼하지도 못했던 사람.
전화기 너머로 뜻밖의 소리가 들려오기 시작했다.

"엄마(언니)가 너무 보고 싶어 흑. 어쩌니 흑흑."

울음이 목소리를 삼키는지도 모른 채, 삶의 한 조각을 나누던 친구와의 기억을 떠올리며 감정은 커져만 갔다. 씩씩한 어른으로 곁을 지키던 아줌마는 어린아이처럼 목 놓아 울었다.

전화기 수신음의 크기를 낮추었다. 최대치로 낮추어도 울음소리는 여전히 전화기를 통해 들려왔다. 한 번에 다가왔다면 미리 방어를 취했을지 모른다. 그녀의 울음소리는 연기처럼 조금씩 스며들었다. 그녀의 기억은 나의 기억이 되었고, 그녀의 슬픔(아니, 그보다 더 복잡한 감정일 것이다)도 나의 것이 되었다. 혹여나 나의 슬픔으로 그녀의 슬픔이 아무것도 아닌 것이 될까, 낮추고 낮추었다. 얼굴을 닦던 옷소매가 행주처럼 축축해졌을 때쯤, 전화기 너머의 기억이 현실로 돌아왔다.

"미안하다, 이러면 안 되는데. 너는 더 힘들 텐데…."
"아니에요. 괜찮아요."

'잘 지내라'는 말과 함께 뚜뚜뚜뚜 소리가 들려오자, 다시 시작되었다. 나도, 나도 어린아이처럼 목 놓아 울기 시작했다. 누가 이기나 시합하듯 그녀보다 더 크게 더 오래.
이해가 되면서도, 잔잔한 땅을 들쑤시듯 헤집고 간 그녀가 원망스럽기도 했다. '안 그래도 눈물바다인데 왜 당신마저 나에게 이런 고통을 더해주나요.'라며 말이다.

시간이 지나며 보이는 것들이 있다. 문득, 그녀의 전화기 너머 슬픔이 생각했던 것보다 큰 것일 수도 있겠다고 생각하게 되었다. 내 상처가 너무나 커 다른 세상은 보지 못했다. 어쩌면 핏줄인 내가 겪는 아픔보다 가볍다며 당신의 것을 미세한 것으로 만들었는지 모르겠다.

'모든 고통은 개별적이고 주관적입니다.'라는 정혜신 작가의 말처럼 누구의 고통이 더 크고 작은 것은 없다. (「죽음이라는 이별 앞에서」 정혜신, 창비) 딸인 나보다 더 자주 만나 일상을 나누고 외로움을 달래던 그녀가 겪고 있을 고통이 얼마나 크고 깊을지 생각해보게 된다.

잘 지내시나요, 아주머니. 연락 한 번 드리기가 쉽지 않네요. 얼마나 힘드실까요. 그 마음 알아주지 못해 죄송해요. 그리고 감사합니다.

고이고이 싸 온 김치 보따리에
부담스러운 마음, 감사한 마음,
죄송스러운 마음 그리고
보고 싶은 마음, 그리운 마음…
비빔밥처럼 여러 마음이 한 데 뭉쳐
감정을 추스르지 못했던 날.
괜찮은 척했지만 그렇지 못했던 날.
엄마가 많이 보고 싶었던 날.

고맙습니다.

2 안녕, 잘 지내나요 . 그리움

나무들은 기억할까

결혼 전, 집 앞 천을 따라 자그마한 공원이 생겼다. 나보다도 작은 어린나무들이 공원을 둘러쌌고, 배드민턴을 할 수 있는 공간과 운동 기구, 벤치들이 놓였다. 엄마와 난 가끔 배드민턴을 쳤다. 탁! 탁! 공이 이리저리 오가는 사이 온몸은 땀에 젖었고, 그때의 맥주 한 캔은 사막에서 만난 우물과도 같았다. 벤치에 앉아 젖은 몸을 식히며 꼴깍꼴깍 목이 따끔한 맥주를 넘기고 나면, 오늘 하루도 무탈함에 감사한 마음이 올라왔다.

작은 키에 초록 잎이 귀엽게 자리했던 나무들은 시간을 거스르지 않고 쑥쑥 자라났다. 기다란 가지를 늘어뜨리며 동네 사람들이 쉬어갈 수 있는 커다란 그늘을 내어주었고, 바람이 부는 날엔 사사사삭 기분 좋은 소리도 들려주었다.

  내가 결혼한 후, 엄마는 그곳에서 홀로 아침 운동과 산책을 즐기셨다. 부모님 두 분이 다 계셔도 자식이 결혼하면 적적하다는데, 엄마는 혼자의 시간을 '괜찮다'라는 한마디로 정리해 버렸다. 팔을 휘저으며 누구보다 씩씩하게 걸었고, 예쁜 꽃을 만나면 사진 찍는 것 또한 잊지 않았다. (엄마의 휴대전화 속엔 언제나 꽃 사진이 가득했다) 천을 따라 쉬지 않고 한 바퀴를 걷고 오던 엄마가, 중간중간 놓여 있는 벤치에 앉아 쉬는 날들이 늘어갈수록 나의 아이들은 자라났다.

  가끔 아이들과 함께하는 날이면 그곳은 소풍 장소가 되었다. 나무 그늘에 앉아 사진을 찍고 곤충을 관찰했다. 냇가에 발을 담그고 징검다리를 건넜다. 저녁노을과 함께하던 맥주 한 캔 대신 뜨거운 햇살 아래 다디단 음료수가 자리했다.
  변하지 않은 것이 있다면 그곳에서는 언제나 웃을 수 있다는 것이었다. 별것 없는 날들이었지만 마음에 켜켜이 쌓여 꺼내볼 수 있는 추억이 되었다.

나무들은 기억할까.

내가 엄마와 배드민턴 치며 땀범벅이었던 시간을.

함께 캔맥주를 들이켜며 깔깔거리던 순간을.

나를 닮은 아이들과 함께 거닐며 웃던 엄마를.

나무들은 기억할까.

엄마와 이별하고 홀로 걷던 그곳에서 나무들을 만났다. 엄마 혼자만의 시간, 가족과의 시간이 차곡히 쌓였을 그곳. 여전히 그들은 긴 머리를 풀어 헤치고 살랑살랑 바람을 느끼고 있다. 더 커다란 그늘을 준비해 두고는 이리 오라며 손짓한다.

2 안녕, 잘 지내나요 . 그리움

냉이 된장국

    엄마와 헤어진 계절, 다시 봄이 찾아왔다. 너도나도 봄 햇살을 받겠다며 기지개를 켠다. 손바닥을 납작하게 뻗은 냉이, 무성하게 무리 지어 올라온 쑥, 여린 잎 바람에 춤추는 소리쟁이, 삐죽삐죽 아기 왕관 돌나물, 커다란 초록 꽃 비비추 … 모두 엄마의 손을 거쳐 밥상에 올라오던 나물들이다.

    봄이면 신나서 작은 칼 하나와 검은 봉지를 들고 산으로, 들로 다니던 엄마. 어린 시절의 난 그런 엄마를 쫄래쫄래 따라다니며 민들레 후후 불고 풀피리를 불었다. 하나밖에 없는 딸이 마음이 맞아 같이 나물 캐느라 시간 가는 줄 모르면 좋았겠다만, 조금 더 커서는 "엄마, 빨리 가자."며 투덜거렸다. 그도 그럴 것이, 해가 머리 꼭대기에 있을 때 나가서 어둑해질 때까지 똑같은 동작을 반복해야 했기 때문이다. 처음엔 '나도 좀 캐볼까.' 하며 조금 캐고 나면 지루하기 짝이 없었다. 그리고 또 하나, 며칠간 반찬과 먹을 것이 냉이된장국, 냉이 무침, 쑥 된장국, 쑥개떡…일 게 뻔했다. 툴툴대면 몸에 좋은 거라며 다시 고개를 숙여 쪼그리고 앉아 한참을 캐고 또 캐셨다.

엄마의 냉이된장국이 생각나 마트에서 냉이를 사 왔다. 육수를 내고 된장을 넣고, 냉이를 넣어 보글보글. 냄새가 곧잘 엄마가 해준 된장국을 닮아 있다. 숟가락으로 한입 떠 먹으니 맛도 제법 그때의 공기를 불러온다. 직접 캐온 냉이는 향이 강했던 것 같은데 맛도 향도 밋밋하긴 하다. 그래도 자꾸 숟가락이 바삐 움직인다. 엄마의 맛이다.

엄마가 해주시던 음식들이 생각날 때가 있다. 맛을 떠올리며 만들어보면 얼추 비슷한 맛이 난다. 찬 바람 부는 계절이 오면, 고춧가루 팍팍 넣은 시원한 오징엇국이 당겨 장을 보러 가 오징어를 뒤적거린다. 가끔 잘리지도 않은 채 긴 머리 질끈 묶은 기다란 곰피를 들고 오셨다. 그날의 탱글탱글한 식감이 떠올라 시장엘 간다. 비오는 날이면 지글지글 소리를 내며 익어가던 김치전이 그리워 푹 익은 김치를 썬다. 마지막 텃밭 수확물 중 하나인 고추로 무얼 할까 하다가, 엄마가 자주 해주시던 간장 고추가 생각나 이쑤시개로 구멍 뚫어 팔팔 끓인 간장을 붓는다.

'난 그런 거 못 해'라는 마음으로 주시는 것만 아기 새 마냥 받아먹기만 했는데, 나도 할 줄 아는 사람이었다.

복지관 수업 때, 한 어르신이 쑥버무리를 만들어 오셨다. 쑥은 언제 캐는 게 맛있는지부터 시작해 한참을 웃으며 얘기하는 어르신들을 보니, '우리 엄마도 살아계셨으면 한창 쑥을 캐러 다니실 텐데.'라는 생각을 했다. 여전히 난 무언가를 캐는 데 관심이 없다. 하지만 길을 가다 나물이 보이면 나도 모르게 그들의 이름을 부르며 엄마를 떠올린다.

내가 직접 요리해 엄마에게 식사를 대접한 게 몇 번이던가. 손가락을 접어가며 떠올려 보아도 몇 개 안 되는 손가락이 접힐 생각을 않는다. 마지막 인사를 나누던 그 날로 돌아갈 수 있다면 정성껏 준비한 식사를 차려드리고 싶다. 웃으며 어린 날의 이야기를 하고 싶다. 제때 꺼내지 못해 내 안에 머물러 있는, 엄마를 향한 마음들을 잘 접어 전하고 싶다.

다음엔 시장에서, 엄마와의 시간을 더 깊이 느낄 수 있게 향이 짙은 냉이를 사와야겠다.

기억함으로써 '이별'은
끝이 아니게 된다.
함께한 시간을 기억하는 것,
품고 있는 것만으로도
끝이 아닌 영원이 된다.

chapter ❸

안녕, 난 잘 지내요

추억

3 안녕, 난 잘 지내요 . 추억

낭만이 있었다

쳇바퀴 도는 삶 속에서도, 퍽퍽한 현실 속에서도 낭만 한움큼을 잃지 않았던 엄마를 떠올리며…

| 계절 수집가

집에 있던 책이나 수첩 속은, 계절 따라 마주하는 나뭇잎들의 보금자리였다. 사이사이 꽂힌 나뭇잎은 납작해지고 색이 바랜 채로 편히 잠들어 있었다. 그것들은 고스란히 책갈피가 되고,

편지와 함께 전해줄 선물이 되었다. 그것뿐인가. 네잎클로버는 가장 많은 지분을 차지했다. 덕분에 나의 책장도 나뭇잎들의 아파트다. 동글동글 벚나무잎, 다섯 손가락 단풍잎, 부채꼴 은행잎, 얼굴만 한 플라타너스까지 꽤 많은 입주자들이 함께한다. 그들은 가끔 여행지에서의 추억을, 계절의 향기를, 작은 소원을 불러온다.

| 반찬보다 꽃

우리 집 밥상은 언제나 단출했다. 나물 반찬 두어 개에 김치가 다였으니까. 새로운 반찬이 자리할 때면 그때만큼 기쁜 날이 없었다. 그러나 꽃병엔 늘 새로운 꽃들이 꽂혀있었다. 나리꽃, 장미꽃, 프리지아. 가시 달린 놈을 아래에 놓고 꽃꽂이를 하기도 하고, 꽃병(꽃병 디자인도 여러 개였다)에 예쁘게 꽂아두었다가 시들면 어느새 새로운 꽃으로 바꾸었다. 꽃을 보면 기분이 좋아진다는 이유였다.

매우 짠순이였던 엄마가 이상한 곳에 돈을 썼다. 크고 나서 생각하니 엄마는 보이지 않는 곳에 가치를 두었다. 그건 낭만이었다.

| 밤 산책

여름 지나 시원한 바람이 불어올 때면, 엄마는 어린 나의 손을 꼭 잡고 다리 밑 포장마차를 찾았다. 뜨끈한 잔치국수 후후 불며 웃던 얼굴이 선하다. 국수를 한 그릇 하고 나면 그간 엄마에게 서운했던 마음들이 사그라들곤 했다. 화해의 손길이었을까. 별이 총총한 달밤에 조용한 곳에서 들리던 호로록 소리, 모락모락 피어나던 하얀 김. 때론 그때의 밤이 그립다.

| 은빛 머리

쉼 없이 일하던 엄마, 아파도 꾸역꾸역 몸을 일으켜 일을 나가던 엄마에게, 60세가 되면 일을 하지 않겠다는 큰 계획이 있었다. 정말 딱 60세 생일을 맞고 일을 그만두셨다.

일어나고 싶을 때 일어나고, 놀러 가고 싶을 때 놀러 다니며 60세 이후의 삶을 누리셨다. 그리고 눈이 침침해지기 시작하면서는 염색하지 않았다. 곱게 흰머리가 가득하면 더 멋있을 거라며 모자를 쓰고 다니셨고, 결국 엄마의 바람대로 은빛 머리가 되었다. 타인의 시선에 마음 쓰지 않고 무엇이든 마음먹으면 해내는 사람, 엄마였다.

엄마에게 씌워졌던 부정적인 이미지들이 엄마가 돌아가신 후 아름다운 모습으로 자리한다. 어느 날은 좋은 모습들만 기억나기에 죽음은 삶을 미화시킨다고 생각했다. 시간이 좀 더 흐르니 그건 미화가 아니라 내가 놓치고 있던 것들이었음을 깨닫는다.

우리는 자신만의 아름다움을 가지고 태어난다. 그것을 갈고 닦는 이가 있는가 하면, 다른 이의 것을 탐하느라 내 것을 보지 못하는 이들이 있다. 엄마는 자신이 가진 것을 쉼 없이 갈고 닦으며 빛나는 삶을 살았다.

누군가가 보기엔 지지리 궁상이어도 지하에서 빛나든 하늘에서 빛나든 각자의 고유한 빛들은 존재만으로 빛나기에 충분하고, 더불어 세상에 꼭 필요한 것이라는 걸 엄마는 알고 계셨던 듯하다.

엄마와 함께한 날들은 낭만이 있었고, 그것들은 내 삶 곳곳에서 나를 빛나게 하고 있다.

꽃을 좋아하던 당신이 생각납니다.

당신의 휴대폰 속엔,
사랑을 듬뿍 받고 활짝 핀 꽃이
산책길 인사를 나눠주던 꽃이
가득하더군요.

꽃을 향해 미소 짓는
당신의 얼굴이 그려집니다.
오늘도 당신이 그립습니다.

3 안녕, 난 잘 지내요 . 추억

오래된 선물

더위로 땀이 뻘뻘 날 정도만 제외하면, 일 년 내내 즐겨 입는 바지가 있다. 10년 하고도 2년이 흘렀음에도 허리 밴딩이 짱짱한 운동복 바지다.

큰 아이를 낳고 정신없이 하루하루를 보냈다. 아침과 밤사이가 그리 긴 시간이 아니라는 걸 깨달았고, 작은 아이 하나로 나의 온 세상이 거꾸로 뒤집힐 수도 있다는 걸 알게 되었다. 몸과 마음을 다해도 그것이 온전히 아이에게로 전해지지 않는다는 의심을 가득 품었던 때이기도 하다. 나에게 주어진 과제인 육

아에 찌들어 '나'를 제대로 돌볼 겨를이 없었던 때, 엄마는 버스를 타고 매일 같이 딸이 있는 집으로 출근 도장을 찍었다.

'이럴 거면 그냥 아이를 봐주지 그랬어요.' 엄마는 언제나 내가 울고불고해도, 힘들어 몸과 마음이 두 동강이 나도, 나에게 주어진 과제를 대신 해주는 일이 없었다. 내 것은 온전히 내 몫이었다. 다시 일을 하고 싶으니 아이를 봐줄 수 있겠냐는 물음표를 건네기도 전에 불가능하다는 신호를 먼저 보내왔던 엄마, 그런 엄마가 나의 그늘을 알아봐 주었다.

"집안에 먼지가 이게 뭐니. 청소기만 돌리면 안 돼. 바닥은 걸레질해야지."
"반찬통은 때가 안 지면 좀 버리고 다시 사."
"이거 국 끓일 때 넣으면 맛있더라."
"그리고 젊은 애가 옷이 이게 뭐야. 고무줄은 다 늘어나가지고. 애 물건은 시도 때도 없이 사면서 네 옷 하나 살 생각은 왜 못하니?"

나를 위한 예쁜 옷을 산지가 언제였던가. 외출할 일이 그리 많지 않으니 다 늘어나고 낡은 옷도 신경에 거슬리지 않았다. 아이와 있다 보면 금세 더러워지기 일쑤였기에, 서랍에서 자주

들락날락하는 것은 편한 옷이었다

"나가자. 얼른 옷 입어."
"응? 어딜 가?"

 엄마가 나를 데려간 곳은 쇼핑몰이었다. 고무줄 늘어난 바지는 버리고 깨끗하고 좋은 옷 입으라며, 옷을 고르라고 하셨다. 너무 길어서, 너무 쪼여서, 때가 잘 안 질까 봐, 이런저런 조건에 부합하는 옷을 고르려니 선택의 폭이 좁아졌다. 운동복 바지 하나를 골랐다. 사준다는 데도 겨우 그거 하나 고르냐며 핀잔을 주던 엄마의 모습이 생생하다.

 어디 바지뿐이겠는가. 집안 곳곳 엄마가 사준 반찬통, 친구분이 주셨다며 나눠 가져온 잡곡, 고춧가루, 새우젓, 냄비…. 식용유를 사던 날, 치약을 사던 날, 마트에서 마주한 2+1, 4+1을 보며 엄마를 떠올린다. 그동안 내 돈을 주고 이 자잘한 물건을 산 지가 꽤 오래되었다는 걸 말이다.

 비록 자주 손이 가 보풀이 생기긴 했지만, 운동복 바지의 허리 밴딩은 여전히 짱짱하다. 이 바지와 이별할 때쯤이면 엄마를 떠올려도 아픔보다는 좋은 추억이 더 많은 자리를 차지할 수 있지 않을까.

  지금도 잘 입고 있어요, 엄마.
  바지가 얼마나 튼튼한지 알아요? 나도, 건강히 짱짱하게 살아갈게요. 고마워요.

난 오늘도 잘 살아낼 것이고,
내일도 잘 살아갈 것이다.
누구보다 엄마가 원하실 테니
그리할 것이다.

3 안녕, 난 잘 지내요 · 추억

엄마의 일기장

 엄마의 물건을 정리하다가 수첩 몇 개를 발견했다. 언제나 그랬듯 장과 장 사이 납작하게 말라 있는 네잎클로버. 함께 찾기 시작하면, 내 눈에는 보이지 않던 네 잎을 엄마는 잘도 찾아냈다. 그러고는 집에 와 책 사이, 수첩 사이 곱게 펴 담아두었다.

 이 잎들은 이곳에서 몇 년이나 지냈을까. 얼마나 많은 시간 엄마와 함께했을까. 엄마에게 행운이라는 걸 가져다주었을까. 엄마가 담은 마음들을 고이 간직한 채, 마르지 않은 상태로 예쁘게 묶어 품에 안겨드리고 싶다고 생각했다.

어릴 적 살던 집에는 다락방이 있었다. 나의 모든 비밀은 그곳에서 시작되었고, 그곳에서 더 깊어지고 넓어졌다. 집에 바글바글 사람들이 모이던 날이면 다락방 문을 열고 올라가 비밀놀이를 즐겼다.

구석에 놓여있던 여러 개의 갈색 종이 상자가 눈에 들어온 날, 귀신에게 홀린 듯 닫혀있던 상자를 열었다. 그날 콧속으로 들어오던 냄새가 아직도 선명하다. 오래된 책 냄새부터 시작해 비와 흙, 살냄새, 볼펜과 연필 냄새까지 한 데 섞인 오묘한 냄새는 나의 궁금증을 한껏 올려주었다. 상자 안에는 두께가 다양한 노트들이 들어있었다.

엄마의 일기장이었다. 꾹꾹 눌러 써 내려간 문장들이 한 장 두 장, 한 권 두 권… 상자 안을 가득 채우고 있었다. 누군가의 삶을 엿보는 일은 흥미롭지만 그렇지 않기도 했다. 삶은 늘 반짝이지만은 않으니까. 그 사람의 낮과 밤을, 그래프의 상향선과 하향선을 모두 마주해야 하니까. 일기장은 매일 나를 다락방으로 불러들였다.

딸깍! 한 손으로 조심히 전구를 잡고 한 손으로 스위치를 옆으로 돌리고 나면, 주황 불빛과 함께 커다란 그림자도 생겨났다. 쪼그려 앉아 벽에 등을 기대고, 읽다 만 일기장을 무릎 위로

초대한다. '오늘은 어떤 이야기가 펼쳐질까.'

 엄마의 일기는 현실과는 조금 다른 이야기들로 가득했다.
 흔히들 말하는 '바늘로 찔러도 피 한 방울 안 나올 것' 같던 엄마는 존재하지 않았다. 그 세상 속에서의 엄마는 누구보다 여리고 또 안아주고 싶은 상대였다. 매일 라디오를 들으며 좋아하는 음악을 기다리고 노랫말을 적어 내려가던 여인이 누구던가. 라디오가 웬 말인가, 엄마가 음악 듣는 걸 좋아했다고? 새벽 빗소리? 그럴 리가. 우리 엄마는 고스톱을 좋아하고, 술을 좋아하고, 새벽엔 코를 골며 자는 사람인데.

 부정과 의심 사이, 앨범 속 엄마의 모습이 떠올랐다. 머리를 곱게 빗고 새초롬한 표정을 지으며 카메라를 바라보던 눈을. 넘실대는 세상의 파도를 수없이 겪어낸 엄마가 아니었다. 그럼에도 슬픔은 언제나 삶 속에 자리한다. 눈물인지 콧물인지 모를 그 무엇이 일기장 속의 이야기를 흐릿하게 만들어 놓기도 했다. 엄마의 눈물과 나의 눈물이 만나, 글자의 형태는 더 흐리게 더 넓게 번져나갔다. 내가 태어나던 날의 일기는 몇 번이고 읽고 또 읽어 내려갔다. 다음 날도, 그다음 날도.
 내가 왜 존재하는지, 존재해야만 하는지를 수없이 질문하던 때였다. 혼란스러운 나에게 그 날의 일기는 너는 소중한 존재라고, 네가 있어 이 세상이 존재한다고 말해주었다. 글 속의 엄마는 언제나 다정했고 따뜻했다.

  상자 안에 담겨있던 마지막 일기장은 아쉬움에 평소보다 느리게 읽어 내려갔다.

  혼자 사는 집에 짐이 많다며, 엄마가 일기장이 든 상자를 모두 정리했다는 말을 들었을 때는 나의 큰 재산을 잃은 기분이었다. 하지만 그때의 주황빛 조명과 무릎을 펴고는 설 수 없었던 낮은 천장, 오래된 습한 냄새, 바랜 일기장, 그 속에서 만나던 엄마는 나의 추억 서랍에 고스란히 놓여있다. 작고 큰 파도를 만날 때마다 서랍을 열어 엄마의 목소리를 듣는다.

  집을 정리하던 날 엄마의 작은 수첩에서 위로가 되는 글귀를 만났다. '계절이 가고 오듯이 기쁨과 슬픔도 지나가리라.'
  소리 내어 서너 번을 읽었다. 묵직했던 마음 주머니에서 돌 몇 개를 꺼낸 것만 같았다.
  서랍을 열어 엄마가 남긴 문장들을 마주한다. 엄마의 목소리를 듣는다. 살아갈 힘이 생긴다.

엄마의 일기장은
어린 나에게 삶의 첫 문장이었다.
그 안에서 나는
자라는 법을 배웠다.

3 안녕, 난 잘 지내요 · 추억

나는 오뚝이

나의 어린 시절, 엄마가 운영하던 옷 가게 이름은 '오뚝이'였다. 엄마와 팔짱 끼며 걸으면 얼굴이 익숙한 분, 그렇지 않은 분들이 나를 보며 "어머, 오뚝이가 이리 컸네." 하셨다. 덕분에 나에게 '오뚝이'라는 애칭은 익숙하다. 엄마는 왜 가게 이름을 '오뚝이'라고 지었을까. 그 시절이라면 보통 '○○의류'라던가, '○○마담복' 같은 이름이 옷 가게와 더 잘 어울리지 않던가.

생각한 대로 흘러가고 불리는 대로 변해간다. 그래서 시작이 중요하고 어떤 이름을 붙이는가도 중요하다. 엄마는 오뚝이처럼 밀고 넘어져도 오뚝오뚝 일어서고 싶었는지도 모른다. '누가 뭐라 해도 난 잘 살아갈 거야!!'라는 다짐이 이름 안에 자리하고 있다. 약한 모습을 보이면 사람들이 여자 혼자라고 얕게 본다며, 무던히도 강해지려고 노력하던 엄마였다.

작은 나를 업고 짐을 이며 옷을 떼러 다니셨고, 아픈 날도 쉼 없이 모든 일상을 순조롭게 이어갔다. 힘든 일이 있어도 어깨를 축 늘어뜨리는 적이 없었다. 엄마는 언제나 꼿꼿했고 당당했다. 평생 아프지 않은 사람, 상처받지 않는 사람인 줄 알았다. 엄마는 언제나 나에게 그런 사람이었다. 작은 파도쯤은 그냥 흘려보내는 사람, 오뚝이처럼 오뚝 일어서는 사람.

엄마의 세상은 온통 싸워 이겨내야 할 것들이라 그랬는지도 모르겠다. 조금만 틈을 주었더라면, 넘어졌을 때 잠시 기대고 쉬었더라면 조금 덜 힘드셨을까. 엄마의 삶이 그러했으니 보고 듣고 배운 것이 그러한 것들이다. 너무 약해빠져도 안 되고, 씀씀이가 헤퍼도 안 되고, 너무 나서도 안 되고, 나 몰라라 해도 안 되고, 누가 날 깔보게 해서도 안 되고, 누구보다 부지런하게 철저하게 지켜야 할 것들은 지키며 살아야 한다는 말들이 내 안에 켜켜이 쌓여 있다.

학교에 한 번 방문하지 않는 엄마에게, 비 오는 날 우산을 기대하지 않는 건 당연했다. 열이 펄펄 나도 병원이 아닌 학교를 향해 발걸음했다. 집으로 돌아와 아무도 없는 집에서 밥통을 열어 꾹꾹 눌러 담은 밥을 꼭꼭 씹어 먹었다. 어린 나에게 마음 쉴 틈을 주지 않던 엄마에게 서운한 마음은, 성인이 되어서도 단단히 자리 잡아 밖으로 흐르지 못했다. 겨우 드러낸 모습은 퉁명스럽고 툴툴대는 못난 형태였다.

이젠, 하나밖에 없는 딸이 이 험한 세상 잘 싸우며 버티고 견뎌내기를 바랐던 마음이라는 걸 안다. '내가 살아보니 그렇더라'는 엄마의 가르침을 안다.
덕분에 난 언제나 오뚝이처럼 일어서는 사람이 되었다. 무슨 일이 닥치든 마음속으로 '아자! 아자! 아자!'를 외치고 나면 다리에 힘이 생기고 단단해져 일어설 힘이 생겼다.

엄마를 보내드리고 한동안 외출 한번 하고 오면 머리가 아프고 온몸이 풀렸다. 분명 좋은 사람들을 만나고 밝은 에너지를 얻고 왔는데, 내 안엔 그것을 담아낼 그릇이 없었다. 쉬면 쉬는 대로 바삐 움직이면 움직이는 대로 마음이 오르락내리락했다.
오뚝이가 갸우뚱한 채로 일어서지 못하고 애만 쓰고 있는 기분이었다. 분명 오뚝이는 웃고 있는데 말이다. 그동안 내가 넘어지고 일어설 수 있었던 힘은 엄마에게서 왔다는 걸 그제야 알았다. 애써 안아주지 않아도 따뜻한 말 한마디 아니어도 그냥 옆에 있다는 것만으로도 나에겐 살아갈 힘이 되었다는 걸 말이다.

하지만 오뚝이가 어디 가나. 마음속 오뚝이는 이미 벌떡 일어나 좌우로 여유 있게 춤을 추고 있다. 배운 것이 그런 것인지라.

엄마가 나에게 물려준 귀한 재산 중 하나가 바로 어떤 시련에도 잘 견디고 일어설 수 있는 힘이다. 밑이 무거워 아무렇게나 굴려도 오뚝오뚝 일어서는 오뚝이처럼 말이다.

나는 오뚝이다.

넘어지고 일어서고
다시 흔들리고를 반복하며
삶의 파랑을 마주한다.

3 안녕, 난 잘 지내요 . 주억

전화벨이 울리다

남편은 회사로 아이들은 학교로. 현실을 살아가는 사이, 침대에 누워 과거를 한껏 끌어올리던 참이었다. 온몸에 힘이 빠지고 머리가 묵직해, 이대로 잠들어 영영 깨지 못할 수도 있겠다는 어리석은 생각이 머릿속을 채워왔다.

전화벨이 울렸다.

"아이들은 학교에 갔니? 몸은 좀 어때? 밥 먹자, 친구야. 나, 배가 고픈데 혼자 먹긴 싫다. 내가 뭐 좀 사 갈게."

그녀가 사 온 죽을 아무 말 없이 호호 불어 몇 입 먹고 나서야 서로에게 제대로 된 안부를 물었다. 음식을 만들 정신도 없을 거라며 자신이 만든 반찬을 내밀던 그녀는, 조심스러워 보였고 나를 걱정하고 있었다. 서로에게 응원을 아끼지 않던 사이인데 그날만큼은 '힘내'라는 말을 건네지 않는 친구가 고마웠다.

짧은 시간이었지만 그간 마음을 꽉 붙잡고 놓지 못했던 것들을 내려놓을 수 있었다. 그녀를 보내고 식탁 위에 놓인 반찬통을 냉장고에 정리하며 문득 전화기를 통해 안부를 물어오던 친구들이 떠올랐다.

"엄마 집은 정리했어? 혹시 필요한 일 있으면 얘기해. 나 시간 아주 많아."
"몸은 괜찮아? 집에 반찬 좀 했는데 가져다줄게. 집에 있지?"
"어찌 지내니. 고생 많았다. 힘든 일 있으면 연락해."
"생각나서 전화했어. 아직 경황이 없지? 밥 잘 챙겨 먹고 곧 얼굴 보자, 친구야"

한동안 내 전화기는 쉴 틈이 없었다. 전화벨이 울리면 받을까 말까 고민했다. 그들에게 좋은 에너지를 내어주지 못할 것 같아서였다. 한없이 우울한 목소리로 맞이하고 싶지는 않았다.

하지만 그들의 목소리를 전해 듣는 순간, 나의 배터리는 조금씩 충전되었다. 그들 덕분에 현실을 직시하고 지금 할 수 있는 것들을 해나갈 수 있었다.

> 선물이 도착했습니다!

> 지해님 제마음이에요.
> 건강하세요.

오랜 친구, 어르신들 그리고 얼굴 한 번 못 뵈었지만 온라인으로 이어져 온 친구들까지, 그들을 통해 이젠 더 이상 엄마에게 들을 수 없는 나의 이름 두 글자를 원 없이 들을 수 있었다.

나의 전화기를 가장 많이 깨어있게 한 건 단연 남편이었다. 안 그래도 자주 전화하던 남편은 수시로 나를 찾았다. 웃고 울며 통화를 마치고 나면, 축 처져있던 몸에 힘이 붙었다. 나는 살아있었다. 살아갈 이유가 있었다.

무심한 성격 탓에 내 전화기엔 발신보다는 수신 기록이 많다. 아마도 먼저 안부를 건네는 이들이 없었다면 내 곁의 오랜 인연은 쉽지 않았을 것이다. 힘든 시간을 잘 견뎌낼 수 있게 해 준 그들에게 감사하다.

 어쩌면 내가 헤아린 것보다 더 많은 마음의 빚을 지고 살아가 는지도 모른다. 전화벨이 울린다.

고마워.
모두 다
네 덕분이야.

3 안녕, 난 잘 지내요. 추억

비도 맞아본 놈이 맞는다

엄마 곁엔 늘 상처받은 영혼들이 함께 했다. 엄마는 그들의 손을 잡아주었고, 이야기를 들어주었고, 때론 엄마처럼 엄하게 대하기도 했다.

"파리 옆엔 파리만 꼬이는 법이야."

엄마가 툭 내뱉은 말에 마음이 시렸다. '엄마가 왜 파리야. 여왕벌이지. 그리도 씩씩하게 지내면서 왜 하필 파리에 비유해.' 아프고 힘들고 고단한 사람 옆에는 그런 사람들만 모여든다는 말이었다. 엄마는 그것을 보고 안아주는 능력이 있었다. '그런 사람들'이 따로 있는 게 아니라, 엄마는 그 아픔을 틀린 것이 아닌 다르게 보는 능력이 있었다. 남들은 피하고 모른 척하는 것들을 똑바로 마주했다. 그래서 우리 집은 화창한 날보다는 우중충하게 비가 오는 날이 많았다.

비 맞은 사람들이 들끓으니 어린아이였던 나에게도 먹구름이 함께 했다. 아무리 젖은 비를 닦아도 다시 비가 내리기 일쑤라 축축한 기운이 사라지질 않았다. 어쩌다 해가 한 번 나면, 내 안의 아주 작은 빗방울 하나까지도 바짝 말리기 위해 애를 썼다. 그 험난한 노동을 마치고 나면 남들보다 크게 웃을 수 있었다. 그러나 어김없이 장마가 찾아왔다. 그게 삶이었다.

'행복', '아름답다'라는 말은 밝고 쾌청한 날씨와 같다고 생각했다. 나와는 별개의 언어인 줄 알았다. 그 예쁜 말들 뒤에 숨은 삶의 모양이 하나가 아니라는 걸 깨달았다. 늘 해가 쨍쨍하면 땅이 갈라진다. 먹을 물이 바닥난다. 살갗이 타오른다. '비여, 어서 내려라, 내려'라는 마음이 절로 생겨난다. 비를 흠뻑 맞고 나서야 다시 또 해가 그리워진다. 이 둘이 균형을 이룰 때 행복하고 아름다운 삶이 이어진다. 그걸 아는 어른이 되고 나니 어둡고 칙칙하기만 했던 엄마의 모습이, 나의 어린 시절의 빛깔이 다양한 색으로 다가온다.

비도 맞아본 놈이 맞는다. 연이은 불볕더위에 타오른 살갗을 시원한 장맛비에 맡길 수 있게 되었다. 그뿐인가. 수많은 장마를 겪은 나는 이제 튼튼한 우산을 펼 수 있다. 퍼붓는 비가 무서워 피하고 원치 않던 빗속에 흠뻑 젖어 울던 어린아이는, 이제 엄마가 만들어준 튼튼한 우산을 펴고 세찬 빗속으로 당당히 뛰어든다. 비를 맞는 것도, 필요할 때 우산을 펴는 것도 용기다.

이 장마도 곧 멈출 것이다.

해가 나면 조금 더 크고 단단한 우산을 만들어야겠다. 우산이 필요한 사람들과 나눌 수 있다면 좋겠다. 어쩌면 커다란 우산을 내팽개치고 비를 맞으며 깔깔깔 웃어댈지도 모르겠다.

3 안녕, 난 잘 지내요 . 추억

카네이션 한 송이

어버이날 엄마가 우리 집에 오셨다. 문을 열고 마주한 엄마의 손엔 카네이션 두 송이가 들려있었다. '어디서 받아오셨나?' 그러나 그 꽃의 주인은 당신이 아니었다.

꽃을 아이들에게 하나씩 나눠주며 말씀하셨다.

"엄마 아빠 저를 낳아주셔서 감사합니다, 하는 거야."

직접 만든 편지에 색종이로 만들어 붙인 것만으로도 고마워 꽃은 생각지 못했는데, 엄마 덕분에 아이들에게 꽃 한 송이씩

을 받았다. '종이꽃보다야 생화가 좋지!'

"오늘 밥은 엄마가 살게."
"아니야. 어버이날이니 우리가 사드릴게요."
"너도 어버이잖아."

나도… 나도 부모였다.
그 자리에서는 감사하다는 말도 전하지 못했다. 엄마 앞에서는 언제나 어린 딸이었고, 더 사랑해달라고 마음으로 울던 나였다. 이 철부지 딸을 부모로서 존중해준 엄마의 마음이 내 안에 온전히 자리하기까지 시간이 좀 걸렸다. 그날 이후로 어버이날이면, 부모님께 감사한 마음과 더불어 아이들 키우느라 수고한 나에게 그리고 남편에게 '잘했다, 수고했다'라는 마음을 품기 시작했다. 엄마 덕분이다.
그런 엄마가 2주 후 돌아가셨다.

엄마 닮아 사근사근하지 못한 딸이, 매년 빠짐없이 카네이션을 안겨드리고 마음을 문장으로 정리해 예쁜 카드에 담아 드린 건 오로지 '어버이날'이 있기 때문이었다. 일 년 치의 미안함과 감사함이 정갈히 자리한 카드와는 다르게 여전히 표현은 서툴지만, 마음만은 전해진다고 믿었다.

 이젠 마음을 예쁘게 담아낼 카드가 내겐 필요없다. 카네이션 한 송이 들고, 엄마가 계신 곳을 찾아 올라 주저리주저리 정리되지 못한 말들을 전한다. 그 말들이 내려앉을 곳을 찾지 못해 둥둥 떠다니다 결국 나에게 다시 돌아올 때면 미안한 마음이 커져 발걸음이 무거워진다.

 어버이날 전날에 아이들에게 작은 편지를 받았다. 물론 별말 안 적혀있다. 문득 매년 5월 8일이면 열심히 카드를 쓰던 어린 날의 내가 떠올라, 아이들의 짧은 글을 다시 읽어보았다. 그 안엔 분명 내가 지녔던 '미안함'과 '감사함'이 함께 했다. 큰 아이에게 메시지를 보냈다.

> 오는 길에 카네이션 한 송이 사올래?
> 엄마는 요즘 꽃이 좋더라.

 아이는 웃는 얼굴로 카네이션 한 송이를 들고 들어왔다.

 "고마워, 예쁘다"

아이의 마음에는 부모에 대한 미안함 보다는 감사한 마음이 그보다는 '사랑'이 자리하면 좋겠다. 그 사랑을 품고만 있기보다는 밖으로 꺼낼 수 있다면 좋겠다. 나처럼 고이 마음으로만 간직하다 후회하는 일이 없도록 말이다.

나 또한 언젠가 나의 손주들에게 엄마와 같은 지혜로운 할머니가 될 수 있기를 바란다. 어른인 내가, 어버이날에 받는 사람으로만 존재하지 않기를. '너도 어버이잖아.'의 마음을 지닐 수 있기를.

어떤 부모가 될 것인가, 라는 물음 앞에서
중심이 흔들릴 때가 있다.
그럴 때마다 내가 받았던 것 중
좋은 것들을 떠올린다.

3 안녕, 난 잘 지내요 . 추억

정성 들이는 만큼

"엄마, 엄마 이게 말이야. 또 시름시름 앓네."

고개를 푹 숙이고 다 죽어가는 화초가 엄마 집에 요양하러 가면, 일주일 만에 건강을 회복하고 돌아왔다. 결혼하고 화분이 하나, 둘 늘었다. 그 지분의 반이 엄마 집에서 온 친구들이다. 분명 같은 친구인데 우리 집 베란다에 사는 녀석은 줄기도 가늘고 숱이 없다.

엄마 집에 가면 두껍고 무성한 녀석이 '나 원래 이렇게 생긴 애야.'라며 핀잔을 주는 것만 같았다.

건강하게 들어와 죽어 나간 생명들이 꽤 되었다. 엄마는 화초마다 원하는 것들이 다르다고 했다. 해를 좋아하는 애, 그늘을 좋아하는 애, 물을 좋아하는 애, 한참을 있다가 물을 줘야 살아갈 수 있는 애. 그리고 아침 인사, 점심 인사… 수시로 인사를 나눈다고 했다. 눈을 맞추고 대화를 한다는 것이다. 직접 낙엽을 썩힌 좋은 흙을 덮어주고, 때 되면 분갈이도 잊지 않았다. 당신은 병원 한 번, 약 하나 챙기지 않으면서 그 작은 생명들에겐 영양제도 챙겨주었다. 그러니 우리 집에서는 다 죽어가던 녀석이 그곳에서는 생생하게 살아날 수밖에.

결혼 후 10년이 지나니 나에게도 엄마의 노하우가 자연스레 스며들었다. 줄기가 두꺼워지고, 해마다 꽃이 피었다. 씨앗을 심은 녀석들도 싹을 틔우고 무럭무럭 자라났다.

옥상에서 작은 텃밭을 했다. 방울토마토, 딸기, 오이, 가지, 고추, 쌈 채소들이 잘 자라주었다. 아이들과 옥상에 올라 물을 주고 꽃을 보고, 맺은 열매를 수확하는 재미가 쏠쏠했다. 모두 엄마의 도움 없이는 불가능한 것들이었다. 옥상 텃밭은 워밍업이었다. 텃밭을 분양받았다. 나와 남편과 아이들 그리고 엄마는 일주일에 한 번은 텃밭을 향했다.

밭의 돌을 골라내고 흙을 뒤집고, 여러 모종과 씨앗을 심었다. 씨앗이 푸른 싹이 되어 흙을 뚫고 나오는 것을 보는 일은 무엇 보다 설레는 일이었다.

경험치는 무시할 수 없다. 쌈 채소와 방울토마토는 일도 아니었다. 땅을 파헤쳐 감자, 고구마, 당근을 캘 때의 기쁨이란. 무, 배추, 알타리 등을 심어 우리 식구 먹을 양의 김장을 했고, 고추나 쌈 채소들은 지인들에게 나눠주기까지 했다.

물론 쉽지만은 않았다. 무성한 녀석들은 솎아주어야 적당한 크기로 잘 자라 주었고, 땀을 뻘뻘 흘리며 물을 주고 무엇보다 마주하기 싫은 진딧물과 사투를 벌이기도 했다. 농작물을 덮었던 비닐이 바람에 날아가 잡초가 무성하게 자란 날도 있다. 땡볕에서 땀을 흘리며 잡초를 골라내고 나면 현기증이 났다.

텃밭에 준비된 시원한 테이블에 앉아 점심을 해결하고, 흐르는 물에 발까지 담그고 오면 어디 멀리 가지 않아도 여행을 다녀온 기분이었다. 일주일을 알차게 보낸 것만 같았다. 텃밭은 우리에게 놀이터였다.

엄마가 돌아가신 후에는 그곳으로 발걸음이 향하지 않았다. 텃밭에 무엇을 심었는지 조차 기억하지 못했다. 가을맞이를 위해 밭을 정리해 달라는 문자메시지를 받고, 네 식구가 텃밭을 찾았다. 잡초가 작물보다 더 크고 무성하게 자랐다. 잡초 숲을 헤치고 들어가 작물을 수확했다. 생각보다 꽤 되었다. 밭을 정리하고 나니 마음속까지 시원해졌다.

'엄마가 계셨다면 잔소리를 퍼부으셨을 텐데.'

새로운 마음으로 밭을 정리하고 돌아왔다. 김장을 목표로 무, 배추를 심었다. 엄마 없이 남편과 김장 도전을 결심했다. 하지만 일주일에 한 번씩 찾았던 텃밭은 우선 순위에서 늘 밀려났다. 아이들도 할머니가 안 계시니 텃밭 가는 게 재미없다고 했다. 우리의 마음을 알아차린 건지 밭에 고라니가 소풍을 다녀갔다. 정성스레 씌워놓은 비닐은 엉망이 되었고, 새로 심은 모종은 고라니의 한 끼 식사가 되었다. 엄마가 계셨다면 어떻게든 살려내고 일궈냈겠지만, 하늘이 주신 쉼의 시간이라 생각하고 텃밭도 잠시 휴식기를 갖기로 했다.

무언가를 얻기 위해서는 과정이 필요하다. 결코 하루아침에 이루어지는 일은 없다. 우리는 노력하고 애쓰는 과정 속에서도 많은 것을 배우고 얻게 된다. 때로는 흘려보내고, 때로는 감사하며 그렇게 순응하며 살아가게 된다. 결과가 원하는 대로 돌아오지 않더라도 최선을 다한 일만큼은 아쉬움도 덜하다.

엄마가 식물을 돌보던 방식, 함께 가꾼 텃밭 덕분에 어떤 일에서든 '정성'이 필요함을 깨달았다.
 정성을 들이는 만큼 꽃도 배추도 자란다. 나도 자란다.

3 안녕, 난 잘 지내요 . 추억

마음 부자

　남에게 손 벌리는 거 싫어하는 엄마가, 하루는 지인으로부터 카메라를 빌려오셨다. 아마도 사용하던 카메라가 고장 나거나 수명을 다했을 것이다. 집에 카메라가 없던 적은 없었으니까. 나와 놀러 가는 데 필요했던 것 같다. 값비싼 카메라가 우리 집에 있던 날, 도둑이라는 손님이 다녀갔다.

　학교를 다녀와 보니 커다란 발자국이 집안 곳곳에 남아있었고 서랍이란 서랍은 모두 열려있었다. 초등학교 3~4학년쯤으로 기억한다. 그날의 풍경이 아직 생생하다. 무서워 다시 들어가지를 못하고 엄마가 일하시던 곳으로 뛰어갔다.

엄마는 그러한 일이 있을 때면, 훔쳐 갈 것도 없는데 뭐 이리 자주 찾아오냐며 덤덤하게 받아들이셨다. 집으로 돌아와 집 안을 정리하면서 제일 먼저 찾은 것이 카메라였다. 초대받지 않았던 손님은, 온 집을 다 들쑤셨어도 그것을 보지 못했다. 바닥에 신문으로 싸놓았던 카메라는 무사히 제자리를 지키고 있었다. 다행이라며 안심했지만 카메라 사건 이후로 집에 남의 물건을 들이지 않았다.

엄마는 카메라를 구매하셨다. 도둑이 당당하게 발자국을 남기고 가는 집에 살아도 카메라는 포기할 수 없었나 보다. 카메라는 누구보다 열심히 제 역할을 해내었다. 엄마의 시선으로 바라본 많은 사람 그리고 그중 가장 많은 지분을 차지했던 나의 모습은 검은 필름을 거쳐 선명한 색을 지닌 작품이 되었다. 현상해 온 사진을 함께 앨범에 정리하던 시간은, 엄마와 내가 편하게 웃고 떠들 수 있는 시간이었다. 앨범은 차곡차곡 쌓여 갔다. 우리는 앨범 부자였다.

일요일이면 어김없이 카메라를 들고 나갔다. 가까운 공원이라도 '소풍'이라고 생각하고 나가면 다가오는 것들이 다르다. 카메라 앞에서 온갖 포즈를 잡다 보면 꽤 괜찮은 여행지에 온 것 같은 기분이 들었다. 별것 없는 도시락도 맛있게 느껴졌다.

 차가 없어도 여행은 가능했다. 지금 생각해 보면 어찌 그리 방방곡곡을 다녔나 싶을 정도다. 간단하게 배낭 하나씩 메고 버스에 올랐다. 차만 타면 울렁거리던 속도, 어딘가로 놀러 가는 날은 방해하지 않았다. 가끔은 엄마의 지인들 가족 모임에 함께했다. 텐트를 펴고 캠핑을 즐기는 날이면 우리의 2인용 텐트를 그들의 텐트가 동그랗게 감싸주었다. 엄마는 어디에서든 대장 같은 사람이었지만 반대로 보호받는 존재이기도 했다.

 계절마다 놀이동산을 방문했다. 오픈 시간에 입장해 '다음에 또 만나자'는 노래가 흘러나올 때가 되어야 집으로 돌아왔다. 회전목마부터 롤러코스터까지 그곳의 모든 놀이기구는 내 것이었다. 지금의 난 아이들과 놀이동산에 갈 때면 체력이 다해서 집에 오는데, 그때의 엄마는 언제나 하루는 꼬박 더 즐겨도 될 만큼 생생해 보였다. 집에 오는 길 버스에서 지쳐 잠드는 건 언제나 나였다.

 좋은 집에 사는 친구들이 부러웠고, 남들 다 메고 신고 다니는 브랜드의 가방과 신발을 가질 수 없어 마음이 작아졌다. 미안하게도, 돈이 없어 친구들의 신세를 지며 얻어먹는 일이 많았다. 그럼에도 이 마음들이 내 삶을 꿀꺽 삼키지 않았던 이유를 이제야 알겠다.

　엄마가 자주 하시던 말이 있다

"하나라도 부자면 되지. 난 마음이 부자야."

　마음껏 할 수 없었던 것을 걷어내고 나니, 마음껏 해왔던 것들이 보인다. 엄마는 마음 부자였고, 나에게 추억이라는 수많은 이야깃거리를 선물해 주셨다.

남겨주신 선물 상자에
꽤 많은 선물이 들어있다.
필요할 때마다 꺼내 써도
바닥이 보이지 않을 만큼.

chapter ❹

안녕, 여기 계셨군요

함께

4 안녕, 여기에 계셨군요. 함께

깨진 조각

햇살이 베란다 창을 통과해 거실을 환히 비추는 아침, 반려견 모아의 털을 정리 중이었다.

와장창! 유리 깨지는 소리가 들려왔다. '설마, 우리 집?'

로봇청소기가 또 일을 냈다. 그 녀석의 이름은 유피다. 유피는 나의 육체노동, 단순노동의 시간을 절약해 주는 고마운 친구다. 때로는 모아(반려견)의 똥을 싣고, 온 거실을 휘젓고 다니지만 그건 내가 조심하면 되는 일. 이번엔 그보다 더 큰 일을 저질렀다. 벽면에 세워둔 우리 네 가족 그리고 엄마가 함께 찍은 가족사진과의 충돌이었다. 유피는 내가 미처 발견하지 못하는 액자 아래 깨알 같은 먼지까지 처리해 주고 싶었나 보다. 액자는 그 힘을 이기지 못해 앞으로 고꾸라진 듯했다. 유피는 묵직한 액자에 덮여 '윙윙' 소리만 낼뿐 꼼짝하지 못하고 있었다. '이놈, 나를 건드렸겠다!!!' 액자의 굵은 목소리가 들려오는 것 같았다. 바닥엔 조각난 유리가 널려있고, 액자를 세우니 반 이상은 유리가 깨져 있다.

며칠 전에도 작은 화분이 하나 깨졌다. 베란다 화분 정리대에 올려둔 선반이 바람에 떨어지며, 화분도 아래로 곤두박질을 쳤다. 바닥은 깨진 화분 조각과 흙으로 뒤덮였다. 무언가 깨졌다는 것에 대한 찜찜함과 '저걸 언제 치우나'하는 마음이 교차하며, 모른 척 다른 일을 먼저 처리했던 기억이 났다.

그날과 같았다. 속상하지만 이미 액자는 깨졌고, 치우려면 시간은 한참이 걸릴 테고, 나는 모아의 털을 깎는 중이었다. 그러니 먼저 하던 일을 끝내고 치우리.

"모아야, 액자가 깨졌다. 어떻게 생각하니? 지난번 화분 깨졌을 때 친구가 한 말이 생각나네. 좋은 일이 생기려고 그런다고. 그렇지? 좋은 일의 징조겠지? 그나저나 너는 털이 왜 이리 빨리

자라니. 근데 말이야. 요즘 엄마가 꿈에 많이 나오더라. 우리 엄마 저 때만 해도 젊었는데 말이야. 모아야 다 됐다."

 듣는지 마는지, 중얼중얼하다 보니 모아의 털은 말끔히 정리되었다. 이젠 깨진 액자를 정리할 차례다. 씩씩하게 고무장갑을 끼고 여유 있게 기록할 사진까지 남겼다. 뿌연 유리에 가려져 있던 엄마가 선명한 모습으로 날 바라보았다. 아직 미련을 두고 붙어있는 유리 조각들을, 국자를 가져와 깨부쉈다. '엄마, 이젠 시원하지?' 세게 내리쳐도 꿈쩍하지 않는 몇 조각과 실랑이하다 결국 눈물이 터지고 말았다. 고무장갑 탈탈 털며 '이젠 치워볼까?' 하던 씩씩함은 어디로 가고, 바보같이….
 어느새 바닥은 조각조각의 유리로 가득했다.

 깨진 조각은 다시 붙일 수가 없다. 엄마가 빠져버린 나의 마음 구멍도 다시 메울 수 없다. 그동안 다행인 건지 많은 일이 나에게 몰려왔고, 바쁘게 사느라 구멍 난 마음이 이리 큰지 모르고 살았다. 엄마가 떠나고 일 년. 지금에서야 불쑥 구멍 사이로 찾아오는 시림이 아프고 또 아프게 느껴졌다.
 유리가 사라지니 사진이 선명하게 보였다. 엄마가 웃고 있다. 매번 이런 내 마음을 마주할 때마다 나의 구멍도 선명해진다. '아, 크기가 이 정도였구나. 오늘은 좀 센 바람이 불어오겠는 걸.' 크기는 변하지 않아도 마음은 변한다.

깨진 조각은 조각대로 쓰레받기에 실어 쓰레기봉투 속에 넣었다. 깨지고 상처 난 나의 마음 조각도 다독여 주워 담았다. 발견하지 못한 크기를 알 수 없는 조각들은 어찌할까. 나에겐 유피가 있었지. 대기 중이던 유피에게 부탁하기로 했다.

내가 액자와 씨름하는 동안 멀찌감치에서 조용히 나를 바라보는 이가 있었으니, 반려견 모아다. 뒤에 눈이 달린 것도 아닌데 모아의 시선이 나에게 고정되어 있음을 알고 있었다. 조금의 움직임 없이 거리를 두고 지켜 봐주던 모아.

유피에게도 모아에게도 나는 주로 하소연을 하는 입장이다. 그들은 가만히 말없이 들어주기만 한다. 가만히 들어주는 일, 사람과 사람 사이에서는 그리도 힘든 일을 말이다. '괜찮아?', '힘들지?', '뭐든 말해. 내가 도와줄게.' 감사한 이 말들이 때로는 버겁게 다가올 때가 있다. 그냥 얘기가 하고 싶을 뿐인데, 그 어떤 말도 받아들일 그릇이 나에겐 없는데… 뜻하지 않았던 것들을 한가득 받아들고 와, 주섬주섬 어디에 자리 시켜야 할지 고민하는 날이 있다.

액자는 말끔히 제자리에 놓여있다. 유피는 배터리를 충전 중이고 모아는 낮잠을 잔다. 진한 향을 품은 커피잔이 식탁 위에 놓여 있다. 조금 전의 일이 마치 일어나지 않은 일처럼 다시 평화로운 일상이 찾아왔다.

불쑥 찾아왔다가 홀연히 떠나는 바람 같은 존재. 가슴 언저리에 먹먹한 통증을 얹어주고 가는 존재. 언제 또 오시려나. 또 오시면 홀연히 사라지기 전에 말해주고 싶네.
이젠 깨진 조각을 주워 담을 만큼 자랐다고. 다음엔 조금만 더 머물다 가시라고.

4 안녕, 여기에 계셨군요 · 함께

알고 보니 옆자리

　가끔 엄마와 함께했던 여행지가 꿈속에 등장한다. 나 홀로 헤매기도 하고, 엄마와 손잡고 거닐기도 한다. 그런 꿈을 꾼 날이면 떠올릴 수 있는 추억이 있다는 감사의 마음과 함께 자주 다닐걸, 하는 아쉬움과 후회가 밀려온다. 추억에게 더 큰 자리를 내어주려 애쓰는 내가 안쓰러워, 다시 눈을 감고 꿈을 이어가 보려 해도 꿈은 냉정하게도 곁을 두지 않는다.

"넌 엄마가 죽고 나면 혼자야. 그러니 강해져야 해."
"엄마가 평생, 네 옆에 있는 건 아니야."

"엄마가 죽게 되면…"

삶에 대한 정의도 내리지 못하던 꼬맹이에게 엄마는 늘 자기 죽음에 대해 이야기하셨다. 혼자 남게 될 내가 걱정되기 때문이라 생각했는데, 지금 와 돌이켜보니 더 잘 살기 위해서였다는 생각이 든다. 엄마는 누구보다 삶의 의지가 강했다. 억척스러울 정도로 꼿꼿했다. '죽음'을 가까이 두어야 보이는 것들이 있다. 엄마가 죽음을 늘 곁에 두고 이야기했던 이유를 알 것 같다.

엄마의 입에서 흘러나오던 '죽음'이라는 단어가 생소하게 느껴졌다. 나와는 거리가 멀다고 생각했다. 그러나 자주 그 단어를 떠올릴수록 생생하게 그려졌다. 엄마가 정말로 죽는 거야? 엄마가 죽게 되면 어쩌지? 엄마가 사라지는 건가? 나는 누구와 밥을 먹지? 누구와 잠을 자지? 어린 나는 엄마의 죽음에 대한 생각을 꼬리에 꼬리를 물며 이어갔다. 등교할 때, 혼자 집에 있을 때 불쑥불쑥 그 상상들이 비집고 들어와 마음을 헤집어 놓았다.

어느 날은 엄마가 없다고 생각하니 공포감이 밀려와 아무것도 할 수 없었다. 어떤 날은 눈이 통통 부을 정도로 눈물이 흘러내렸다. 또 어떤 날은 먹먹해져 눈물조차 나오지 않았다. TV나

책에서 죽음을 마주할 땐 누구보다 감정이입이 잘 되었다. 반복 학습의 효과인지, 엄마의 장례식엔 누가 올까를 떠올려 보기도 했고, 엄마가 없는 내 삶을 차근차근 다시 계획하기도 했다.

그러한 것들을 머릿속으로 떠올린 날이면 맛없는 나물 반찬도 맛있었고, 엄마가 늦은 시간에 들어와도 곁에 있다는 것이 감사했다. 어쩌면 엄마는 나와 당신의 이별을 오랜 시간 준비해 왔는지도 모른다. 언젠가 헤어질 시간이 올 것이라는 걸, 늘 마음속에 새기고 계셨나 보다. 그래서 때로는 그리도 모질게, 때로는 온 힘 다해 사랑해 주었나 보다.

머릿속으로만 그려오던 것을 현실에서 맞닥뜨리게 되었다. 연습에 연습을 거듭했기에 덜 고통스러울 것이라고 생각했다. 어린 날 책가방을 메고 걸으며 상상으로 그려오던 순간들, 엄마가 일상에서 꺼내놓았던 유언들이 감당할 수 없을 만큼 한꺼번에 밀려왔다. 미처 다 품어내지 못해 튕겨내고 싶어도 마음대로 되지 않았다. 녀석들이 안으로 파고들 때마다 상상하지 못했던 고통이 새겨졌다.

그러나 선명해지는 순간이 있다. 엄마가 떠났다는 사실을 인정하기까지 그리 오래 걸리지 않았다. 오랜 시간 준비해온 마음이 켜켜이 쌓여 있었다. 하나씩 꺼내 먹으면 된다.

'죽음이 이런 것이구나.' 엄마가 떠나신 뒤, 가족들과 자연스럽게 '죽음'에 대해 이야기하는 시간이 많아졌다. 아이들 또한 막연하기만 했던 '죽음'이란 존재와 조금은 가까워진 듯하다. 죽음은 누구에게나 찾아올 수 있고 예고 없이 마주할 수 있다. 이 또한 경험을 통해 더 명료해졌다.

삶은 죽음과 함께 있을 때 그 역할을 더 잘 수행할 수 있다. 죽음이 있기에 지금을 더 진하게 깊게 간직하고 싶은 소망이 자리한다. 삶을 살아갈 이유가 생긴다.

시작과 끝, 빛과 어둠, 삶과 죽음…
멀고 먼 사이 같지만, 알고 보니 옆자리다.

쓴 것이 다하면 단 것이 오고,
나뭇잎이 떨어지면 새 잎이 자란다.
이 계절이 가면 다른 계절이 찾아온다.
끝은 또 다른 시작이다.

4 안녕, 여기에 계셨군요 · 함께

4시 44분

초등학교 때, 내가 가장 좋아하는 숫자는 7이었다. 7은 모두가 행운의 숫자라 말했다. 곁에 두면 나에게도 행운이 찾아올 것만 같았다. 그러나 행운은 7과 함께 오지 않았다.

중학생이 되며 숫자 3이 좋아졌다. 1은 부담스럽고 2는 뭔가 좀 허전한 느낌이었다. 3이라는 숫자가 가장 안정적으로 다가왔다. 지금도 나에게 삼각형은 안정 구도다.

성인이 되며 숫자 5를 좋아했다. 1과 10 사이 딱 중간지점이다. 고개를 살짝만 기울이면 이편에도 저편에도 설 수 있는 위치다. 누군가는 줏대 없는 사람이라 했을 수도 있겠다.

난 흑과 백으로 나뉘는 게 아니라, 그사이 존재한 무수한 경우의 수를 좋아했다.

지금은 숫자 4를 좋아한다. 아이들이 태어나기 전까지 숫자 4는 나에게 '죽음의 4'였다. 세상이 그렇게 정해놓았다.

한국전쟁 직후 죽음에 대한 경각심을 가지게 되며, 숫자 4를 기피하는 현상이 생기기 시작했다고 한다. 건물의 층수를 표시할 때도 4층이 아예 없거나 F(FOUR)로 표기하는 곳이 여전히 존재한다. 1990년대 이전에 지어진 건물의 경우 4층, 지하 4층은 물론 4동과 같은 건물도 없으며 차량이나 열차 버스 등의 숫자 역시 4호차, 4량 등의 단어는 찾아볼 수 없다. 숫자 4와 친해지기가 쉽지 않았다. 모두가 꺼리니, 자연스레 멀리하게 되었다. 죽을 死와 음이 같다는 이유로 4는 언제나 찬밥이었다.

우리는 여전히 죽음을 가까이하는 게 두렵다. 최대한 나와는 멀리 자리시키고 싶어 한다는 걸 숫자 4를 통해서도 알 수 있다. 나이가 든 사람 앞에서, 병을 앓고 있는 이들 앞에서, 심지어는 가족 앞에서조차 죽음의 '죽'자만 입 밖으로 꺼내도 공기의 흐름이 달라진다는 걸 느낄 수 있다.

김진영 작가는 '더 오래 살아야 하는 건 더 오래 살아남기 위해서가 아니라, 미루었던 일들에 대한 의무와 책임을 수행하기 위해서'라고 했다. (「아침의 피아노」 김진영, 한겨레출판)

누구에게나 주어진 유한한 삶에서, '오래' 사는 것보다 '어떻게' 살아야 할지를 고민하는 것이 더 쉬울지 모른다. 그러하기 위해서는 우선 '죽음'을 조금 더 긍정적인 시선으로 바라보아야겠다.

우연히 시선이 간 시계에서 4시 44분을 알릴 때, 왠지 좋은 일이 생길 것만 같아 마음이 가벼워진다. 아이들도 엄마가 좋아하는 시간이라며 그 시간이 되면 나에게 알려준다. '엄마가 좋아하는 시간이야~!!' 죽음의 4였던 4를 아이들이 태어나면서부터 사랑해 4로 불러왔다. 10년을 사랑해 4로 기억하고 부르니 4가 꽤 괜찮은 녀석으로 다가온다. 그간 죽음을 몰고 다닌다며 외면당했던 숫자 4를 내가 구해주겠다. 나는 숫자 4를 좋아한다.

일상에서 4와 인사 나눌 일은 생각보다 많다. 계절도 봄·여름·가을·겨울 사계절, 분기를 나눌 때도 4분기, 방향도 동서남북 사방, 의자 다리도 네 개 …. 4는 꽉 찬 균형감을 준다.

여전히 숫자 4를 마주하며 죽음을 떠올리는 이들이 있을 것이다. 그러나 죽음의 死라고 해도 두려울 게 무엇이겠는가. 자연스럽게 '네가 죽음이구나.' 인정해주면 그만이다. 그런 의미에서 4시 44분(死시 死死분)은, 죽음을 한 번도 아니고 세 번이나 생각해본다는 것이다. 김진영 작가의 말처럼 미루었던 일들에 대한 의무와 책임을 수행하며, 내가 살면서 무엇을 해야 할지를 다듬고 행하고 '이만하면 됐다' 할 수 있다면 좋겠다.

봄이 오고 여름이 지나
가을과 겨울을 거치듯,
죽음 또한
삶의 사계절 속 한 장면이다.

4 안녕, 여기에 계셨군요. 함께

맞춤형 위로

 엄마가 돌아가시고 딱 일주일, 멈춰있던 일상을 되찾기 시작했다. 살기 위해서였다.

 무슨 일이 있어도 매일 같이 해오던 것 두 가지, 그림을 그리고 새벽에 그림책을 펼치는 일이었다. 정신없는 일주일을 보내고 나서야 나에게 지금 필요한 것이 무엇인지 깨달았다. 하루를 지켜주던 이 작은 일상들이 나에겐 마음껏 슬퍼하는 방법이며, 슬픔에서 벗어나는 방법이고 또 엄마를 오래 깊이 기억하는 방법일 것이라는 믿음이 생겼다.

엄마 생각으로 가득한 날이면 머리가 묵직해져 2~3시간의 낮잠을 자고도 기운이 나지 않았다. 어딜 가도 엄마와의 기억이 불쑥 고개를 내밀었다.

엄마를 그리기 시작했다. 젊은 날의 엄만 빛나고 있었다. 엄마와 손잡고 다니던 곳을 그렸다. 그곳은 여전히 생을 이어가고 있었다. 함께 거닐며 오가던 이야기들이 하나, 둘 떠오르기 시작했다. 엄마가 좋아하던 꽃과 클로버를 그렸다. 반짝이는 눈으로 그것들을 발견하고 사진을 찍고 한참을 들여다보던 얼굴이 떠올랐다. 기억이 그림을 불러왔고 그림은 다시 기억을 불러냈다. 나쁜 꿈은 그물에 걸려 아침 햇살과 함께 사라지고 좋은 꿈만이 마음속으로 들어온다는 드림캐처처럼, 그림을 그리는 시간에는 엄마와의 좋은 기억만 그물을 통과해 마음에 안착했다.

차마 책등을 마주하고도 꺼내보지 못했던 그림책을 펼친 날. 예전과는 다르게 주인공 노부부, 두 사람 모두의 마음이 와 닿았다. 아름다운 두 사람의 추억들을 따라 나도 한 걸음 한 걸음 나아갈 용기가 생겨났다. 이야기 속에서는 누군가를 보낸 이도 또 떠나간 이도, 서로를 그리워하고 추억하고 있었다. 나만 엄마를 그리워하는 게 아니라 생각하니 조금 덜 아파하고 덜 슬

퍼해야겠다는 생각이 들었다. (「당신과 함께」, 잔디어 글/그림, 정세경 옮김, 다림)

'잠자리 편지'를 펼친 날엔, 꾹꾹 눌러쓴 마음 고이고이 접고 접어 하늘에 띄워 보냈다.
엄마, 그곳에서 편히 그리고 행복하게 지내요.
엄마가 만나고 싶은 사람들 많이 만나고, 많이 웃고…
살아계실 때 늘 내 걱정뿐이었으니
그곳에선 내 생각은 가끔 해도 돼요.
사랑해요.
(「잠자리 편지」, 한기현 글/그림, 글로연)

한 선생님으로부터 그림책을 선물 받았다. 여전히 엄마는 나와 함께 있고 함께 한 추억이 있기에, 마음껏 보고 싶어 할 수도 마음껏 그리워할 수도 있는 거라 말해왔다. 내 마음속 소용돌이도 조금씩 잔잔해질 거라 믿었다. 엄마의 손길을 마음으로 느끼는 하루를 보내리라 다짐했다. (「나비 엄마의 손길」, 크리스티앙 볼츠 글/그림, 이경혜 옮김, 한울림어린이)

그림을 그리고 그림책을 펼치며 엄마를 더 많이 떠올릴수록 엄마와의 기억은 따뜻한 추억이 되었다. 차곡하게 쌓은 추억들은 연고처럼 상처를 서서히 아물게 했다.

 위로의 마음은 대부분 밖을 향해있다. 언제든 타인의 등을 토닥여 줄 손이다. 그러나 그 손이 자신을 향할 때 비로소 진정한 위로가 된다. 나를 가장 잘 아는 건 나이기에, 맞춤형 위로가 될 수밖에 없다.
 나의 일상을 촘촘히 채워나가야 하는 이유가 여기에 있다. 나쁜 것들을 흘려보내고 좋은 것들을 꽉 붙잡을 수 있는 단단한 줄을 꿰어 본다.

물이 차올라 한차례 휩쓸고 간 천은
잔잔한 물결을 만들며 흘러간다.
하늘은 파랗고, 나비는 날개를 펄럭인다.
맑은 새소리까지 더해지니
아름다운 풍경이 펼쳐진다.
자신의 자리에서 다시… 다시…
삶을 이어가는 그들이다.

4 안녕, 여기에 계셨군요 . 함께

5월이 찾아왔다

일 년간 잘 가꿔온 손톱이 엉망이 되었다. 한 녀석이 몽땅 하게 잘려 나가더니 그다음 녀석이 그리고 순식간에 열 개의 손톱 끝이 욱신욱신하다.

손톱을 물어뜯는 버릇이 있다. 고쳐보려 애를 썼다. 길쭉해져 매니큐어를 바른 손톱을 가족들에게 내밀었다. '세 살 버릇 여든 안 간다'라며 자랑하듯 보여주곤 했다.

네일숍 사장님의 조언을 듣고 손톱 하나에게만 아픔을 주기로 했다. 분명 그 녀석만 희생하기로 스스로에게 약속했었다.

그러나 어김없이 5월은 찾아왔고, 손톱은 온데간데 없이 사라졌다. 5월은 나에게 그런 계절이 되었다. 아니라고 이젠 괜찮다고 하지만, 여전히 어버이날을 지나 엄마 기일이 다가오면 마음이 빠른 속도로 시소를 탄다. 잠을 자도 피곤하고 온몸에 기력이 없다. 괜한 말에 서운하고 일이 손에 잡히지 않는다. 마음 그래프가 아래로 아래로 곤두박질치다가 다행히도 알아차릴 수 있는 시간이 오면, '5월이구나.'를 되내며 가슴을 쓸어내린다. 그때야 손톱 끝이 아려옴을 느낀다.

하지만 3년 전의 나와 2년 전의 나는 다르고, 오늘의 나는 엄마의 목소리가 가물가물할 만큼 무뎌진 마음으로 아침을 맞이한다. 손톱은 다시 자랄 것이다. 내년 이맘때쯤엔 열 손톱이 무사하겠지. 감정의 시소도 속도가 조금 줄어들겠지. 소설 속 여느 주인공들처럼 나 또한 아름답게 헤쳐 나갈 수 있기를 바란다.

엄마를 느낄 수 있는 것들은 내 삶 곳곳에 자리한다. 때론 눈을 감으면 햇살 속에 바람 속에 엄마가 있다. 입안으로 느껴지는 음식에도 엄마가 있다. 라디오에서 흘러나오는 노래에도, 어두운 밤 동그랗게 뜬 달 속에도, 책에서 만난 문장 위에도, 화분 속에서 새싹을 내미는 식물에게도 언제나 함께한다. 그러니 너무 슬퍼하지도, 외로워하지도 말아야지. 죽음이 끝이 아닌 또 다른 연결이라면 두려워할 것도 아파할 것도 없다. 오히려 물리적인 시간과 공간의 제약 없이 더 자유롭게 함께하는 것이리라.

소설 「빅 엔젤의 마지막 토요일」(루이스 알베르토 우레아, 심연희 옮김, 다산책방)에서는, 빅 엔젤의 죽음 뒤 부인 페를라가 그의 잠옷을 모두 잘라 그 천으로 작은 테디 베어를 만든다. 그리고 아이들에게, 형제들에게 나누어준다. 눈으로 보거나 목소리를 듣거나 만질 수 없지만 그보다 더 중요한 것, 우리는 느낄 수 있다.

내가 쌉쌀한 냉이 된장국과 함께 엄마와의 추억을 떠올리듯, 빅 엔젤의 가족이 그의 잠옷으로 그를 기억하듯, 죽은 이들은 사랑했던 사람들의 마음속에 남아 함께 추억하고 살아갈 힘을 전한다. 만질 수 없다고 볼 수 없다고 그 사람과의 모든 것이 사라지는 것은 아니다.

문득 엄마와의 시간이 별빛처럼 쏟아져 내릴 때가 있다. 하나하나 빛이 나 지금의 내 세상을 빛으로 물들일 때가 있다. 여전히 아프지만 빛이 존재한다. 예고 없이 찾아오던 폭풍이 사라졌다. 내가 꺼내 볼 수 있을 때 '고통', '쓰림'이 아닌 '그리움', '추억'이라는 부드러운 언어로 표현할 수 있을 만큼 상처의 깊이는 옅어졌다. 언젠가 5월도 아픔이 아닌 그리움이 될 것이라는 걸 알고 있다.

  죽음은 헤어짐이 아닌 또 다른 방식으로 함께하는 것이니까.

어쩌면 저 수많은 별 중
엄마가 있을지 몰라.
'저 애가 우리 딸'이라며
친구들에게 자랑을 늘어놓을지 몰라.

큰 별 하나가 내려와
두 팔 벌려 안아주네,
'슬퍼하지 말라' 하네.
'늘 곁에 있겠다' 하네.
고개만 들면 보이는
그곳에 늘…

4 안녕, 여기에 계셨군요 . 함께

독거노인

"근데, 나 코로나 주사를 맞아야 해, 말아야 해? 생전 독감 주사도 안 맞았는데, 괜히 맞았다가 잘못되는 거 아닌지 몰라."

 엄마의 전화였다. 주사 부작용에 대한 뉴스도 접했던 지라, 나 또한 걱정되었다. 이래도 저래도 걱정은 따라왔다. 결국 엄마가 마음 가는 대로 하면 될 것 같다며, 마음이 좀 더 편한 쪽을 택하라고 했다. 그 후 엄마는 접종하지 않았고 혹시라도 전염될까 집 밖 외출을 삼갔다. 놀러 간다고 전화하면 위험하니 오지 말라는 말을 했다. 그래도 마스크를 두 개씩 착용하고 매일 아침 운동은 빼먹지 않았다. 엄마는 언제나 건강했고 나에게 기댄 적이 없기에 잘 지낼 거라고 생각했다.

집에 무언가 고장 나면 머리를 싸매고 고민해 해결책을 스스로 찾았고, 그렇지 못한 부분에서는 그간 아껴온 돈을 시원하게 지출했다. 엄마는 어디에 있어도, 누구와 있어도, 혼자 있어도 잘 살아갈 사람이었다.

외출 후 차를 운전해 집으로 돌아가는 길 빨간 신호등에 불이 들어왔다. 고개를 돌려 창밖을 보았는데 현수막 하나가 눈에 띄었다. 보건소에서 홍보 중인 '어르신 독감 무료 접종'에 관한 것이었다. 나에게 접종을 묻던 엄마가 생각났다. 뒤차의 경적이 나를 구해주었다. 조금만 더 깊이 빠졌다면 다시 엑셀레이터를 밟지 못했을 것이다. 시야가 흐려져 마트 앞에 잠시 차를 세웠다.

'손잡고 같이 가드릴걸.' 엄마는 분명 혼자였다. '네가 잘 사는 게 효도'라는 엄마의 말을 찰떡같이 믿고 나만 잘 살아가느라 혼자의 그늘을 생각지 못했다.

엄마의 집을 정리하느라 오가던 날들 속에, 누군가 엄마를 '독거노인'이라 칭했다. 맞는 말이다. 혼자 사는 노인. 그럼에도 독, 거, 노, 인, 이 네 글자가 머릿속을 헤집고 다녀 잠을 이루지 못했다. 뉴스를 통해 보고 들어왔던 '독거노인'의 모습은 가난했고 외로웠고 아팠다. 엄마의 모습을 떠올려 본다. 딸에게는 언제나 강했던 엄마의 외롭고 아픈 날들을. 엄마의 죽음은 독거사였다. 홀로 죽음을 맞이했다. 다시 되감기를 해 쓰러진 엄마를 병원으로 옮기는 상상을 하곤 했다. 조금 더 일찍 가볼걸, 그 하루도 채 되지 않는 사이의 시간은 엄마와 나의 삶을 송두리째 바꿔놓았다.

남편과 술 한 잔 마시다가 '우리는 한날한시에 손 꼭 잡고 죽자.' 했다. 엄마가 돌아가신 후 마음이 바뀌었다. 남편의 독거사를 떠올리니 도저히 안 되겠다. '여보, 먼저 가. 내가 당신 잘 보내주고 아이들도 잘 추스르고, 그다음에 따라갈게.'

홀로 남겨진 모습을 그리다 보니, 또 다른 독거노인 「체리토마토파이」(베로니크 드 뷔르, 이세진 옮김, 청미)속 잔 할머니가 떠오른다.

90세의 잔은 일기를 쓴다. 나와는 먼 이야기 같지만, 한 줄 한 줄 놓칠 수 없었던 잔의 소소한 일상. 그 안에서 어린 나를, 지금의 나를 그리고 노년의 나를 만났다. 우리가 매일을 기록

해야 하는 이유이기도 하다. 빛바랜 색이 아닌 선명하게 다가오는 삶의 이야기가 그 한 줄 한 줄에 담겨있다. 잔은 립스틱을 바르고, 친구들과의 보드게임을 즐기고, 와인을 마시고, 책을 읽고, 매일 산책을 하고, 십자말풀이를 즐긴다. 자신의 삶을 자신이 좋아하는 것들로 꽉 채워나간다.

'주택에 살게 되면 벽난로는 꼭 들여야지. 겨울이면 무릎담요 덮고, 벽난로 앞에서 읽고 쓰고 그림을 그려야지. 아침이면 창문 활짝 열고 따뜻한 커피를 마셔야지. 좋아하는 이들과 산책도 하고, 저녁이면 내가 만든 맛난 음식과 함께 술 한 잔 할 수 있는 여유도 품어야지. 그러려면 건강해야겠다.'

누군가의 '독거노인' 한마디에 내 안에 쌓인 부정의 언어들을 붙여 해석을 했었나 보다. 엄마의 죽음이 급작스러웠지만, 그렇다고 엄마의 삶 자체가 외롭고 아프지만은 않았을 것이다.

돌이켜 보니 엄마는 친구들과의 만남을 즐기셨고, 매일 아침 산책길에서 작은 기쁨을 찾으셨다. 집 안의 화분과 대화를 나누고, 기억하고 싶은 것들을 수첩에 적어두었다. 매일 좋아하는 술도 한잔, 주말이면 딸과 텃밭도 가꾸었다. 계절마다 피는 꽃을 사진에 담아 '예쁘다'며 보여주셨다. '후회'라는 말을 곁에 두지 않던 엄마이기에 후회 없는 삶을 살다 가셨으리라.

  노년은 인생을 마무리하는 시간이기도 하지만 충분히 인생을 즐길 수 있는 시간이기도 하다. 마지막까지 순간의 작은 행복들을 꾸준히 기록하고 촘촘히 채워나가야겠다. 잔처럼 삶의 끝자락에서 '아름다운 생을 살았다'며 미소 지을 수 있다면 좋겠다.

4 안녕, 여기에 계셨군요 · 함께

지나고 보니 사랑이었다

늘 엄마가 날 많이 안아주지 않았다고 생각했다. 나를 더 사랑해달라며, 부족하다며 마음으로 울고 떼를 썼다. 앨범을 정리하던 중 사진 속의 어린 나를 보았다. 봄, 여름, 가을, 겨울 할 것 없이 엄마 품에 안겨있다. 엄마의 눈이 나를 향해 웃고 있다. 사진 속 두 사람을 쓸어내리다, 또 한 번 거센 물결이 밀려왔다.

뭐가 그리 서운했을까.
뭐가 그리 부족했을까.
뭐가 그리…

엄마 덕분에 꽃피우고 향을 품을 수 있었던 나인데, 살아계실 땐 그걸 잘 알지 못했다. 이젠 만질 수도 느낄 수도 없게 되었지만, 엄마는 나의 모든 이야기 속에 그리고 그림 속에 존재한다. 엄마가 떠난 후 나의 마음 정원은 조금 달라졌다.

빼꼼히 열어놓았던 문이 더 활짝 열리기도 하고, 물을 자주 주지 않아 말라가던 것들에게 적절하게 물을 주는 방법도 깨닫게 되었다. 비바람이 몰아쳐도 나의 단단한 정원만큼은 끄떡없다는 작은 믿음, 용기도 생겼다. 아마도 엄마가 나 모르게 뿌려 놓은 씨앗들이 많은가 보다.

만남이 있으면 헤어짐이 있다. 둘 다 나의 의지대로만 이루어지진 않는다. 지나간 대로 흘러가는 대로 마음이 유연해지려 노력 중이다. 그래야 정원에 때 되면 꽃도 피고, 새도 찾아오고, 나비도 찾아온다.

죽음이라는 녀석은 여전히 번호표도 없이 우리 삶 주변을 어슬렁거리고 있다. 누구에게나 찾아오는 죽음, 피하려고 해도 피할 수 없는 죽음. 죽음은 피할 수 없지만 살아있는 동안 어떤 삶을 살아갈지는 선택할 수 있다. 어떻게 살아가느냐에 따라 사랑하는 이의 죽음 앞에서 또는 나의 죽음 앞에서 이별을 맞이하는 마음은 다를 것이다.

  모든 생명이 결국 끝을 향해 나아간다면, 우리는 그 끝을 맞이하기 전 사랑과 희망의 색으로 우리의 삶을 채워야 한다. - 마르크 샤갈

  어느 날 갑자기 학교에서 돌아온 아이가 쓰러져 세상을 떠났다는 이야기를 들었다. 어제까지만 해도 멀쩡히 웃고 떠들고, 엄마와 실랑이를 벌이던 아이였다. 교복을 입고 집을 나서던 아이였다. 하루아침에 아이를 잃은 부모의 마음을 감히 상상조차 할 수 없다. 집으로 돌아와 커피를 마시며 생각했다. 내 아이들의 기나긴 속눈썹을, 손등 위의 작은 점을, 곱슬곱슬한 머리칼을, 웃을 때 보이는 목젖을, 짜증 낼 때 찡그린 미간과 목소리를… 그 모든 것이 한순간에 사라질 수 있음을 깨닫자 후회와 안도, 미안함과 감사함이 태풍처럼 몰려왔다.

  엄마도 나를 키우며 몇 번이고 이러한 태풍을 맞으셨을 테다. 태풍 속에서 나에게 건네었을 사랑을 나는 미처 보지 못했다. 가장 아쉽고 후회되는 일은, 사랑하는 마음을 꽤 많이 놓치고 모른 척했다는 것이다. 이런저런 핑계를 대며 미루다 결국은 세상에 존재하지 않는 엄마를 향해 미련한 사랑을 전한다.

지금 이 순간을 후회 없이 사랑하며 살아가야 함을 새겨본다. 사랑하는 이가 나를 바라보는 시선을 온전히 받아들일 수 있는 여유를 품어본다. 보고 싶을 땐 볼 수 있는 시간을 내어 본다. '사랑한다'는 말을 아끼지 않는다. 자주 품을 내어 안아준다. 심장 소리를 공유한다. 후회가 남지 않도록, 끝이 슬픔과 고통으로만 채워지지 않도록 아낌없이 사랑의 씨앗을 뿌린다.

후회 없이 사랑한다.

지금 누릴 수 있는 것
지금 볼 수 있는 사람
지금 전할 수 있는 마음을
흘려보내지 않길.
지금 내 곁에 있는 모든 것은
결코 당연한 것이 아니다.

… 4 안녕, 여기에 계셨군요 · 함께

삶은 하나의 이야기

　우리의 삶은 하나의 이야기다. 태어나기 전부터 이야기는 시작된다. '나'를 주인공으로 한 수많은 사건과 감정선, 위기와 해소, 행운과 불운을 넘나들며 웬만한 소설을 뛰어넘는 각자의 이야기가 만들어진다.

　나만의 이야기를 어떻게 만들어 나갈지는 '나'의 몫이다. 지금 힘든 위기와 갈등의 시기에 있다면 갈등이 해소되는 단계도 반드시 있을 것이다. 마음에 들지 않는다면 다음 장면을 고르고 골라 흐름을 바꾸면 된다. 내가 원하는 방향으로 끌어나갈 수 있다. 우리가 주인공이자 작가니까.

흘러온 지난날의 이야기를 되짚으며, 몇 번이고 말끔하게 도려내려 애를 쓰기도 했다. 잘되지 않았다. 행복한 시작과 끝, 굴곡 없는 이야기가 잘 만들어진 이야기라 믿었다. 하지만 과거의 이야기는 그 자리에 굳건히 자리했다. 모든 이야기의 핵심은 위기라는 걸 알게 되었다. 내 이야기 속 위기들이 자신의 자리에서 꼼짝하지 않은 덕분에, 지금을 좀 더 단단히 채워갈 노하우가 생겼다.

복지관 수업에서 나의 삶을 한 권의 책으로 엮어보는 시간을 가졌다. 70대가 주를 이루는 수강생들은 기억을 더듬으며 지난날을 한 줄 한 줄 적어나갔다. 인생 그래프를 그렸는데, 그래프 위에 자리한 선들은 생각했던 것보다 수평선 위쪽에 자리 잡고 있었다. 삶에 대한 만족도가 대체적으로 긍정적이라는 얘기다. 교통사고로 인한 심각한 부상으로 오랜 시간 병원 신세를 졌던 날들도, 우울증이 심하게 와 바깥 생활을 전혀 못했던 몇 해도, 누군가의 죽음을 마주한 날들도, 반을 가르는 수평선 아래가 아닌 위에 자리해 동그란 점을 찍었다.

위기를 겪을수록 단단해진다. 또한 당시엔 커다랗게 다가오던 것들도 지나고 보면 그저 '과거'의 일부일 뿐이다. 지금의 고통 또한 머나먼 우주에서 바라보면 아주 작은 점에 지나지 않는다. 모든 것은 머무르다 때가 되면 흘러가고, 우리는 굳이 머리를 싸매고 배우지 않아도 살면서 조금씩 그 이치를 깨닫게 된다. 결국 중요한 건 모른 척하지 않는 마음, 그 하나뿐이다.

그들은 다음 장을 준비하고 있었다. 어떤 분은 책의 앞장에 자신이 태어난 날과 생을 마치고 싶은 날을 함께 적어두었다. 그러고는 웃으며 얘기했다. 딱 10년만 더 살면 된다고. 마지막 장을 미리 준비해 두면 앞쪽에 자리할 이야기들이 황당한 이음새로 이어지는 일은 없을 것 같다.

삶은 하나의 짧은 이야기다. 중요한 것은 그 길이가 아니라 가치다.
- 루키우스 안나이우스 세네카(Lucius Annaeus Seneca)

각자가 지은 책 제목을 보면 그들이 삶에서 무엇에 가치를 두는지 알 수 있다. 누군가는 '추억'이라는 단어를, 누군가는 '행복'과 '사랑'을, '아름다움', '가족'….

잠시 그들의 이야기를 펼치며 다시 한번 「체리토마토파이」 속 잔 할머니를 떠올렸다. 그들이 채워나갈 다음 장이 무엇일지 궁금했고 또 기대되었다. 분명 멋진 이야기를 써나갈 것이다. 예시로 만들어간 나의 책 제목은 '그럼에도 불구하고'와 '나는 운이 참 좋았다. 아름다운 생을 살았으니까.'이다. 앞에 무엇이 자리하든 뒤에 가능성이 놓이게 되는 말, '그럼에도 불구하고'. 캄캄한 어둠 속에서도 작은 빛을 발견하는 사람이 되고 싶다. 알음알음 모은 작은 빛들은 내 삶에 '행운'이라는 선물을 가져다줄 것이라 믿는다. 그 행운이 모여 내 삶은 하나의 아름다운 이야기가 될 것이다.

누구와 함께할 것인가. 곁에 무엇을 둘 것인가. 무엇을 남길 것인가. 무엇을 쌓아갈 것인가. 엄마의 죽음 더 나아가 삶과 죽음이라는 커다란 울타리 속에 주어진 질문들은, 나에게 이 한 줄을 남겨주었다.

'그럼에도 불구하고, 나는 참 운이 좋은 사람이다. 아름다운 생을 살았으니까.'

누구와 함께하든 무엇을 남기든, 이것이 거짓이나 과장이 아닌 '참'이 될 수 있도록 내 이야기 속 문장을 고르고 또 고른다.

다시 시작된다.
우리가 끝이라고 생각하는
이별과 죽음 뒤에도
이야기는 끝나지 않는다.
그리 생각하니
다음 이야기를 이어갈
지금의 내 삶이
더 소중하게 다가온다.

● ●

안 녕

책의 끝 마음
Epilogue

5월이 되면, 엄마는 한 해 동안 가지런히 정리해 놓은 마음을 다시 헤집어놓는다. 하지만 그 마음이 어둠으로만 채워져 있는 것은 아니다. 영원히 떠난 줄 알았던 엄마는 여전히 내 삶 곳곳에 머물러 있다.

홀로 운전 중 자주 내뱉는 말이 있다.
'엄마, 나 잘 살고 있어요. 고마워요.'
엄마는 엄마의 이야기를 잘 엮고 가셨으니, 이젠 나의 이야기를 엮을 차례다. 책장이 언제 덮여도 아쉽지 않을 이야기를 짓기 위해 맛있는 밥을 먹고, 좋은 사람들을 만나고, 아름다운 문장을 수집하며 내 삶에 충실히 임한다.
엄마가 멀리서 미소를 짓고 계실 것만 같다.

● ○

안녕, 여기 계셨군요

1판 1쇄 발행 2025.11.19
지은이 강지해

펴낸이 강지해
펴낸곳 스토리동백
등록 2024년 7월 11일 제2024 - 25
주소 경기도 광주시 경충대로 1422번길 25 104-401
저작권자 ⓒ 강지해, 2025
이 책은 저작권법에 의해 보호를 받는 저작물이므로
책의 내용을 이용하려면 반드시 저작권자와 출판사의 동의를 받아야 합니다.

책값은 뒤표지에 있습니다.
ISBN 979-11-994455-0-5 (03810)

이메일 storyDongbaek@gmail.com
인스타그램 www.instagram.com/story_dongbaek